WESTEND

© privat

© Liesa Johannsen

Jens Berger ist freier Journalist, politischer Blogger der ersten Stunde und Autor des Bestsellers *Wem gehört Deutschland?* Als Herausgeber des Blogs Neulandrebellen und Mitherausgeber der NachDenkSeiten befasst er vor allem sich mit sozial-, wirtschafts- und finanzpolitischen Themen.

Albrecht Müller ist Diplom-Volkswirt, Bestsellerautor (u.a. *Der falsche Präsident*, *Die Reformlüge*, *Meinungsmache*) und Herausgeber der NachDenkSeiten. Er leitete Willy Brands Wahlkampf 1972 und die Planungsabteilung unter den Kanzlern Brandt und Schmidt.

Albrecht Müller
Jens Berger

Nachdenken über Deutschland

Das kritische Jahrbuch 2017/2018

WESTEND

Mehr über unsere Autoren und Bücher:
www.westendverlag.de

Die Deutsche Nationalbibliothek verzeichnet diese Publikation in der Deutschen Nationalbibliografie; detaillierte bibliografische Daten sind im Internet über http://dnb.d-nb.de abrufbar.

MIX
Papier aus verantwortungsvollen Quellen
FSC® C083411
www.fsc.org

ISBN 978-3-86489-192-2

Umschlag: Frank Koschembar, mxd, Westend Verlag GmbH
Satz: Publikations Atelier, Dreieich
Druck und Bindung: CPI – Clausen & Bosse, Leck
Printed in Germany

Inhalt

Im Sumpf des neoliberalen Diktats

Vorwort von Norman Paech

Trump! Selbst beim Nachdenken über Deutschland kommt einem dieser Mann sofort in den Sinn und in die Quere. Ein Glücksfall für Karikaturisten, Kabarettisten, Comic-Schreiber und Spieltheoretiker, ein Albtraum für die Welt.

Er war unlängst in Hamburg zum Treffen der G20 und rief den Ausnahmezustand nicht nur bei den Medien und der rot-grünen Stadtverwaltung mit ihrem gesamten Sicherheitsapparat hervor. Er legte sich wie die Gullydeckel, die die Polizei vorsorglich versiegelt hatte, auf manche kritischen Geister in ihrer globalen Kritik, die ansonsten genau zwischen NATO und G20 zu unterscheiden wissen. Die Anwesenheit der einzig wirksamen Gegenspieler, Wladimir Putin und Xi Jinping, wurde nur dann wahrgenommen und erwähnt, wenn sie sich mit Trump trafen. Allerdings versäumten sie es auch, mit deutlichen Worten der Kritik auf sich aufmerksam zu machen, wie seinerzeit Putin auf der Münchner Sicherheitskonferenz im Februar 2015. Das wäre nötig gewesen, um etwa bei dem Thema Afrika jene Probleme anzupacken, die dort brennen: Landraub, Rohstoffkriege, Börsenspekulation auf Grundnahrungsmittel, Entschuldung der ärmsten Länder dieser Welt. Dass nichts von alledem angesprochen wurde nimmt nicht wunder, schließlich war auch nur Südafrika vom ganzen Kontinent dabei. Der jahrzehntelange Raubbau an landwirtschaftlichen und mineralischen Rohstoffen, der unter den falschen Etiketten der Entwicklungshilfe und Wirtschaftspartnerschaftsabkommen (WPA) nichts zur Beseitigung der Armut und des Hungers wohl aber zur Versorgung der Industrien der imperialistischen Staaten beigetragen und zu zahllosen Kriegen geführt hat, wird weitergehen. Horst Köhler, der neue UN-Sonderbeauftrage für Westsahara, pflegte lange vor seiner Bundespräsidentschaft die Verträge der europäischen Staaten mit Afrika mit den Worten zu kommentieren: »Der Kolonialismus blüht noch.« Er blüht immer noch, denn der sogenannte Pakt mit Afrika (Compact with Africa), der die neue G20-Partnerschaft mit Afrika begründen soll, verläuft in den alten Bahnen. Er orientiert sich vorwiegend an den Interessen der Industrieländer und deren Chancen für Großinvestitionen. Die von den G20 geplanten Freihandelsabkommen, die schon ihrer Struktur nach die starken Ökonomien gegenüber den schwachen bevorteilen, enthalten zusätzlich das Verbot der Diskriminierung internationaler Konzerne, denen der Zugang zu Rohstoffen und Märkten noch weiter geöffnet werden soll.

Zwei Tage im Juli, man hat sich getroffen, Beethovens »Ode an die Freude« in Hamburgs neuem Stolz Elbphilharmonie gehört, ein nichtssagendes Schlusskommuniqué hinterlassen und den Spitzenhotels um die Alster einen kräftigen Gewinn beschert. Was Jean Ziegler als »illegitim und illegal« beschimpfte, war nichts anderes als große Operette. Das wäre uns erspart geblieben, hätte der Senat seine Gäste auf zwei Kreuzfahrtschiffe eingeladen und nach zwei Tagen auf der Nordsee wieder verabschiedet. Er hätte auch das vermieden, was an ihm haften bleibt, das Versagen seiner Institutionen und Sicherheitsstrategie durch massive Polizeigewalt. Er war offensichtlich bereit, dem Komfort seiner Gäste das unterzuordnen, was das Grundgesetz den Bürgerinnen und Bürgern an demokratischen Grundwerten und rechtsstaatlichen Garantien gewährt. Mit 20 000 Polizeikräften wollte er mit einer Null-Toleranz-Strategie – kein Zentimeter – jede Form des Protestes schon im Ansatz ersticken und heizte mit der Räumung eines höchstrichterlich genehmigten Camps schon im Vorfeld der Proteste die Stimmung an. Als er dann die friedlich begonnene »Welcome to Hell«-Demonstration wegen einiger vermummter Demonstranten schon nach wenigen Metern mit Wasserwerfern angriff, brach Panik aus und spätere Konfrontationen kündigten sich an. Ich werde den Verdacht nicht los, dass mein ehemaliger Student und heutiger Bürgermeister, Olaf Scholz, bei diesem autoritären, Gesetz und Gerichte großzügig überfahrenden Kurs an den 17. Februar 1962 gedacht hat, als sein berühmter Vorgänger Helmut Schmidt »zur Legende wurde«, wie Wikipedia heute schreibt. Damals kümmerte sich Schmid weder um Grundgesetz noch die Landesverfassung, um die plötzlich hereinbrechende Flutkatastrophe mit Bundeswehr und NATO-Unterstützung zu bekämpfen. Man mag Trump-Besuch und Flutkatastrophe in eine ähnliche Gefahrenstufe einordnen, aber dieser Schritt zur Legende ging gründlich daneben. Und was weiter zum Nachdenken Anlass gibt, ist die immer autoritärere Ausweitung der Kampfzone gegen bürgerlichen Protest und zivilen Widerstand im Namen von Sicherheit, Ruhe und Ordnung und die abnehmende Souveränität zu Toleranz, Großzügigkeit und politischer Kontroverse im Zeichen der Angst. Die herrschende Klasse ahnt die Herausforderung und nutzt ihre Instrumente. Ihre auch offen erklärte Sehnsucht umschreibt Peter Sloterdijk kurz: »Wo Politik war, wird betreutes Dahindämmern«.

Während die Atommächte in Hamburg über Investitionschancen in Afrika berieten, schlossen gleichzeitig in New York 122 Staaten einen Vertrag über ein Verbot der Atomwaffen. Niemand regte sich über das Fernbleiben der Atommächte auf. Politik und Medien zeigten überwiegend Verständnis für diese Provokation und unterließen auch den Hinweis, dass es Obama und nicht Trump war, der die NATO-Staaten mehrfach nachdrücklich davor gewarnt hatte, an dieser Konferenz teilzunehmen und den Vertrag zu unterschreiben oder sich nur der Stimme zu enthalten. Alle Staaten gehorchten, außer der Niederlande. Es ist also nicht alles Trump, was diese Welt an den Abgrund treibt, aber dennoch genug, um sie endgültig in den Abgrund zu versenken. Trumps unverhüllte Drohung mit Atomwaffen gegen Nordkorea ließ selbst Mitglieder der »Grand Old Party« erschauern. Man kann sich auch nicht mit dem zweifelhaften Satz, dass bellende Hunde nicht beißen, oder der Tatsache, dass praktisch alle Präsidenten der Nachkriegszeit direkt oder indirekt mit dem Einsatz von Atomwaffen gedroht haben, beruhigen. Ob Bush oder Obama, alle Administrationen haben das Angebot Pjöngjangs, auf ihr Atomprogramm zu verzichten, abgelehnt, weil sie nicht bereit waren, im Gegenzug einen Gewaltverzichtsvertrag mit Nordkorea abzuschließen oder einseitig auf Gewalt zu verzichten und die Großmanöver einzustellen. Sie haben ihre politischen Handlungsmöglichkeiten auf Sanktionen und Gewaltdrohungen reduziert, in dieser Zwangsjacke steckt jetzt auch Trump. Wer aber wie Trump innenpolitisch erfolglos und isoliert unter verstärktem Druck steht und plötzlich als Vergeltung für einen unbewiesenen Giftgaseinsatz entgegen allen Regeln des Völkerrechts einen Raketenangriff gegen den syrischen Luftstützpunkt Shayrat anordnet, sollte nicht über Atomwaffen verfügen. Niemand wird ihn dort einfangen können – schon gar nicht die deutsche Bundesregierung, die in ihrer Unterwürfigkeit nur noch von der Ukraine übertroffen wird, und dieses Kriegsverbrechen als »nachvollziehbar« abhakte.

So unterhaltsam dieser Chaot auf Twitter sein mag, wo er seinen Rassismus und Chauvinismus offen ausleben darf und die USA wie seine 501. Firma als Familienunternehmen führt, Trump ist kriegsgefährlich. »Gefährlicher als der IS«, wie sein Landsmann Noam Chomsky meint, und die Republikanische Partei gleich mit einbezieht. Das Schlimmste komme noch – gleiches wird uns vom IS mit zunehmendem Verlust seines eroberten Territoriums vorausgesagt. Chomsky sieht Trump als logische Folge des neoliberalen Modells, dem das Land seit Jahrzehnten aufgesessen sei. Er hat eine interessante Erklärung für den unerklärlichen Wahlerfolg dieses Präsidenten: Verzweiflung. Er zitiert die

Studie zweier Kollegen der Princeton Universität, Anne Case und Angus Deaton, die herausgefunden haben, dass es ein dramatisches Ansteigen der Sterblichkeit unter weißen Amerikanern mittleren Alters ohne Universitätsabschluss seit 1999 gebe. Dies sei eine bis dato unbekannte Erscheinung abgesehen von Krieg und Seuche. Sie führen das Ansteigen der Sterblichkeit auf Verzweiflung und den Statusverlust der arbeitenden Bevölkerung unter dem neoliberalen Wunder zurück, wo »der gleiche Sektor der Bevölkerung, der unter dieser erhöhten Sterblichkeit leidet, sich zur Rettung an ihren schlimmsten Klassenfeind wendet, aus verständlicher aber selbstzerstörerischer Verzweiflung«. Trumps Budget, das er im Mai 2018 vorstellte, hat tiefe Einschnitte in den Sozialprogrammen vorgenommen und wird sich als besonders schädlich für die Wähler und Wählerinnen der Arbeiterklasse erweisen. Das Gesundheitsversorgungsgesetz der Republikaner wird nach der Analyse der Haushaltsabteilung des Kongresses 23 Millionen Amerikanern ihre Versicherung für die nächsten 10 Jahre nehmen. Die Ernennung von Neil Gorsuch an den Obersten Gerichtshof wird der arbeitenden Bevölkerung weitere Schläge verpassen, da dieser Richter nach Chomskys Befürchtung mit seinen Entscheidungen wohl die Gewerkschaften im öffentlichen Sektor zerstören werde.

Wir können uns nicht damit trösten, dass dies ein internes Problem der Amerikaner sei, welches sie selbst zu lösen haben. Diese Strangulierung der arbeitenden Bevölkerung wird Schule machen und wie so manch andere »Errungenschaft« aus den USA in der einen oder anderen Variante über den Atlantik kommen. Es wird keinen namhaften Widerstand der konservativen neoliberal gesonnenen Regierungen in England, Frankreich, Italien, Spanien und Deutschland geben. Denn diese Regierungen führen seit Jahren unter dem Dach der EU und der Fuchtel der deutschen Regierung einen gnadenlosen Finanzkrieg gegen Griechenland und die schwächeren Staaten in ihrer Europäischen »Gemeinschaft«, der große Teile der Bevölkerung in die Armut gestoßen hat. Und die Reformierung des Arbeitsrechts in Frankreich durch den jüngsten Hoffnungsträger in Europa, Emmanuel Macron, wird der Arbeiterklasse ebenfalls nicht gut bekommen.

Chomskys Erklärung sollte uns zu denken geben, wenn wir nach den Gründen für die Entstehung von Pegida und den Erfolg der AfD suchen, und uns in der falschen Sicherheit wähnen, dass Trump bei uns nicht möglich sei. Der französische Soziologe Didier Eribon geht in seinem Buch *Rückkehr nach Reims* dem rätselhaften Fahnenwechsel der kommunistischen Wählerschaft zum Rechtsextremismus des »Front National« nach und sieht darin eine »soziale Gesetzmäßigkeit«. Die Verantwortung dafür sieht er bei den Linken und ihren Regierungen, die sich seit den achtziger Jahren von ihrer Kernwählerschaft entfernt und dem neoliberalen Mainstream angeschlossen haben. Ihre »notwendigen Reformen« und ihr »neo-reaktionärer Diskurs« antworten nicht mehr auf die sozialen und ökonomischen Forderungen derjenigen, die im Konkurrenzkampf des täglichen Lebens Arbeit und Status verloren haben, prekäre Arbeitsverhältnisse eingehen müssen, die sie nur kümmerlich ernähren, und die sich kollektiv im Stich gelassen fühlen, deklassiert in ihrem gesellschaftlichen Abstieg. Wer in den Begriffen »Arbeiterklasse«, »Ausbeutung«, »Unterdrückung« und »Diskriminierung« seine Realität noch zutreffend benannt sieht, kann in Parteien, die ihm mit der Forderung nach Mobilität und Eigenverantwortung sowie mit Reformen nach dem Muster der »Agenda 2010« begegnen, keine politische Heimat mehr finden. Ihr Wechsel nach rechts ist daher eine Trotzreaktion, eine »Art politischer Notwehr« (Eribon), obwohl sie dort keine Besserung ihrer Notlage erwarten können und in ein oft fremdenfeindliches und nationalistisches Milieu eintauchen. Wichtiger ist offensichtlich, wieder einen gesellschaftlichen Ort, eine politische Gemeinschaft zu finden, in der die eigenen Nöte und Sorgen gehört werden und der Protest gegen die kalte Deklassierung und Aussonderung lautstark und aggressiv artikuliert wird. Statistiken und Studien über steigende Armut und steigenden Reichtum gibt es genug, ohne dass die Politik irgendeine reale Chance aufzeigt, in diesem System die Kluft zu schließen. Die Enttäuschung und Verzweiflung über die offenbare Unabänderlichkeit dieser neoliberalen Gesetzlichkeit treibt die Gesellschaft auseinander und die politische Klasse immer weiter nach rechts.

Wenn 26 Jahre nach der Abwicklung der DDR und dem »Beutezug Ost« der Treuhand die ehemaligen Bürgerinnen und Bürger der DDR ihr Schicksal nach der »Vereinigung« in die Worte zusammenfassen: »... am Ende hatten wir keine Chance. Wir sollten vernichtet werden ... Man hat uns damals nicht nur den Betrieb genommen, sondern auch unsere Würde«,[1] müsste man blind sein, die Verbindung zu Pegida nicht zu sehen. Das Gefühl der Ohnmacht und Demütigung haben diese Zeit überlebt und das Vertrauen in die neuen Parteien und das demokratische System zutiefst beschädigt. Die Deindustrialisierung ganzer Landstriche oder die Übernahme der Reichsbahn durch die Bundesbahn und der anschließende Verkauf der Filetgrundstücke der Reichsbahn in Ostberlin, um mit dem Erlös die gähnend leere Pensionskasse der Bundesbahn aufzufüllen, während die Betriebsrenten der alten Eisenbahner »einfach weggewischt« wurden, konnten durch keine Freiheit des Westens kompensiert werden. Die damaligen Demütigungen leben heute fort in Verbitterung, Feindlichkeit, Wut. Dies ist der Boden, aus dem Pegida und AfD wachsen.

Das offensichtliche Versagen von Politik und Gesellschaft, den Absturz und die Enteignung einer ganzen Generation in den neuen Bundesländern aufzufangen und sie als Gleichberechtigte zu integrieren, findet seine unangenehme Fortsetzung in dem Unwillen, den rechtsradikalen Terror in unserer Gesellschaft aufzuklären. Wer den jahrelangen zähen Widerwillen bei der Aufklärung der NSU-Morde beobachtet, das immer wieder aufgedeckte Vertuschen und Versagen der staatlichen Behörden, der nie widerlegte Verdacht, dass sich Staatsschutz und Geheimdienste zu kooperativ im neofaschistischen Milieu bewegen und rassistischen Terror geradezu decken oder unterstützen, fragt sich nach den Gründen dieser Staatsverweigerung. Wo bleibt die Härte des Rechtsstaates, die dieser in den 70er Jahren gegen den linksradikalen Terror gezeigt hat und heute bei der Bekämpfung linken Protestes gegen seine Inszenierungen und Institutionen unter Missachtung der eigenen Grundsätze praktiziert? Stimmt die Vermutung, dass es daran liegt, dass sich der rechtsradikale Terror vor allem gegen Migrantinnen, Obdachlose, Antifaschisten und Antifaschistinnen, Schwule, Farbige und Flüchtlinge richtet?[2] Hat sich hier Rassismus und rechtsradikale Gesinnung derart in die staatlichen Apparate eingefressen, dass die Fähigkeit verkümmert ist, ihre Gefahr für die Demokratie zu erkennen, und das Interesse an ihrer Aufklärung und Bekämpfung vollkommen erlahmt ist? Schlimmer ist, dass sich das Desinteresse auf die gesamte Gesellschaft ausgedehnt hat. Das gelegentliche mediale Interesse an dem Prozess in München überdeckt nur, dass es ihm mehr um die Raufereien vor Gericht geht als um die wirkliche Aufklärung der Hintergründe – die Anklage eines mehrtägigen NSU-Tribunals in Köln im Mai 2017 blieb weithin unbeachtet. Und noch dies: Wer 40 Millionen Euro Entschädigung für einige abgebrannte Autos, geplünderte Geschäfte und Umsatzeinbußen im Ausnahmezustand des G20-Gipfels in Hamburg zahlen will, aber nur 832 000 Euro für die Angehörigen der elf vom NSU ermordeten Opfer, zeigt sein wahres Interesse an den Werten zwischen Eigentum und Menschenleben.

Wenn es richtig ist, woran ich nicht zweifle, dass Trump ebenso wie weite Teile der abgehängten und verängstigten Arbeiter- und unteren Mittelklasse die Konsequenz des Neoliberalismus ist, dann darf die Schockerfahrung der Trump-Wahl uns nicht die Sicht auf die eigenen Verhältnisse verstellen. Dieser Neoliberalismus hat eine tiefe Abneigung gegen Politik und Demokratie. Er braucht die staatliche Macht nur zur Organisation des freien Marktes mit seinen autoritären Mitteln der Deregulierung, Privatisierung, Steuersenkung für die reiche Klientel und Militarisierung der Gesellschaft. Man erinnere sich nur an die heftigen Auseinandersetzungen um TTIP und CETA und die gegenwärtigen Rüstungspläne auch unabhängig von Trump. Die Empörung über das krude rassistische und nationalistische Auftreten seiner dominanten Figuren entlastet nicht von der dringlichen Aufgabe, diesen autoritären Neoliberalismus auf allen Ebenen und mit allen Initiativen zu bekämpfen. Das fällt schwer bei der Desorganisation und Parzellierung der Linken, denn sie hat kein gemeinsames Konzept zur Umwälzung der sozialen und politischen Verhältnisse. Die Überzeugung, dass der Kapitalismus in der Sackgasse steckt, ist stärker als die Vorstellung, wie wir ohne ihn daraus herauskommen können. Auch Syriza und Podemos, Bernie Sanders und Jeremy Corbyn geben außer ihren Sozialprogrammen, eindrucksvollen Persönlichkeiten und die Erfahrung von Niederlagen nicht viel mehr als das Hoffen auf bessere Zeiten her. Deshalb ist es umso notwendiger, an den Ideen der einst revolutionären Grundlagen der Gesellschaft von Demokratie, Gewaltenteilung, Rechtsstaatlichkeit und Gerechtigkeit, Frieden, Freiheit und Gleichheit festzuhalten, als sie noch nicht unter das gnadenlose Diktat der neoliberalen Ökonomie gefallen waren.

Hamburg, d. 25. August 2017
Norman Paech

Anmerkungen

1 »Vom Ende der Sprachlosigkeit«, Faz.net, 5. August 2017. [29.08.2017]

2 Vgl. Andreas Kallert, Vincent Gengnagel, Staatsraison statt Aufklärung, Analysen Nr. 39, Rosa Luxemburg Stiftung, Juli 2017.

Den Wähler für dumm verkauft – Wie sich die Sozialdemokratie ihr eigenes Grab schaufelt

Als Martin Schulz im Januar 2017 zum Kanzlerkandidaten der SPD ernannt wurde, verbanden sich plötzlich große Hoffnungen mit einem Mann, der der deutschen Öffentlichkeit zuvor noch weitestgehend unbekannt war. Es wurde deutlich, dass sich die Menschen nach zwölf Jahren Merkel einen Wechsel entgegensehnen und die Führungsriege der CDU/CSU stellte sich schon auf einen schweren Wahlkampf ein. Der SPD gelang es allerdings nicht, die einmalige Chance wahrzunehmen. Statt eines mutigen Programms und echten sozialdemokratischen Alternativen, bot sie große Phrasen und wenig Inhalt. Wer den Wähler für dumm verkauft, bekommt die Quittung: Nach den verlorenen Wahlen im Saarland, in Schleswig-Holstein und in Nordrhein-Westfalen, sieht die SPD einem ihrer schlechtesten Ergebnisse auf Bundesebene entgegen.

Der doppelte Selbstmord der Sozialdemokratie: JA zu CETA und NEIN zu ihrer eigenen erfolgreichen Ostpolitik

19. September 2016 / von Albrecht Müller

Das Ergebnis der Landtagswahl in Berlin ist eine Katastrophe: weniger als 22 Prozent. Noch weniger als Steinmeier im Bund 2009, damals 23 Prozent. Die Skala ist nach unten offen. Das ist zum einen das Ergebnis dessen, dass die SPD ihre Gestaltungsaufgabe aufgegeben hat. Mit ihrer heute in Wolfsburg zu erwartenden Zustimmung zum »Freihandelsabkommen« CETA und in der Folge auch von TTIP wird die gesellschaftspolitische Gestaltungsmacht den internationalen Großkonzernen übereignet. Parallel dazu hat die SPD-Führung zum anderen das große Werk ihrer Ostpolitik, das Ende der Konfrontation zwischen West und Ost, aufgegeben. Beides zusammen geht ans Mark. Die SPD hat bundesweit schon mehr als die Hälfte ihrer Wählerschaft verloren. Und es gibt kein Halten mehr, wenn sich die SPD-Führung in letzter Minute nicht eines Besseren besinnt.

Die schlimmen Folgen der sogenannten Freihandelsabkommen für die Mehrheit der Menschen haben wir vielfach beschrieben. Zuletzt in diesen Beiträgen CETA auf dem Parteikonvent: Hält sich die SPD an die eigenen roten Linien? und Die SPD könnte CETA stoppen … sie müsste es nur wollen.

Ein Vorstandsmitglied der Hannoverschen SPD, der Rechtsanwalt Hans-Georg Tillmann, hat das in einem Brief an Gabriel, Schulz und Lange drastisch aber richtig formuliert:

> »CETA ist das Messer an der Kehle der Sozialdemokratie. Sind wir Sozis wirklich so dämlich, den finalen Schnitt selbst zu besorgen? Wie wollt ihr überhaupt noch Politik zur Herstellung sozialer Gerechtigkeit machen, wenn über allem das Damoklesschwert der Milliardenklagen der Investoren und Spekulanten schwebt?«

Die SPD verliert mit ihrer Zustimmung zu diesen Verträgen drastisch, weil daran sichtbar wird, dass sie nicht mehr für die Interessen der großen Mehrheit der arbeitenden Menschen einsteht. Der Verdacht, dass sie das Geschäft der weltweit tätigen Großkonzerne befolgt, ist nicht von der Hand zu weisen und hat der ältesten Partei zusammen mit ihrer Initiative für die Agenda 2010 einen Großteil des Vertrauens ihrer Wählerinnen und Wähler gekostet.

Die SPD erweist sich als fremdbestimmt. Das geht ins Mark des Vertrauens.

Ähnliches gilt für die große Leistung der Sozialdemokratie: die Entspannungs- und Friedenspolitik. Auch auf diesem zentralen Feld der Politik und ihres Ansehens ist die SPD gerade dabei, das Vertrauen endgültig zu zerstören.

Ihre große Leistung bestand darin, den Kalten Krieg und die Konfrontation zu beenden und dafür zu sorgen, dass zwischen West und Ost verabredet worden ist, dass an die Stelle der gefährlichen Konfrontation Zusammenarbeit treten sollte. Es wurde vereinbart, dass man an Strukturen einer gemeinsamen Sicherheit bauen wolle, dass man abrüsten will, dass man wirtschaftlich und kulturell zusammenarbeiten will. Ausdruck dieser Politik der Verständigung war beispielsweise die Gründung der Organisation für Sicherheit und Zusammenarbeit in Europa (OSZE). Ausdruck dessen war der Abbau der militärischen Blockkonfrontation. Das betraf den Warschauer Pakt im Osten, der aufgelöst wurde. Nach den Vorstellungen der SPD sollte auch die NATO aufgelöst werden. So wurde es im Berliner Grundsatzprogramm vom 20. Dezember 1989 beschlossen.

Hier sind die einschlägigen Passagen dieses Grundsatzprogramm und unten sind die entsprechenden Seiten wiedergegeben:

Unser Ziel ist es, die Militärbündnisse durch eine europäische Friedensordnung abzulösen. …

Sie (die Militärbündnisse) müssen, bei Wahrung der Stabilität, ihrer Auflösung und den Übergang zu einer europäischen Friedensordnung organisieren. Dies eröffnet auch die Perspektive für das Ende der Stationierung amerikanischer und sowjetischer Streitkräfte außerhalb ihrer Territorien in Europa.

Unser Ziel ist eine gesamteuropäische Friedensordnung auf der Grundlage gemeinsamer Sicherheit, der Unverletzlichkeit der Grenzen und der Achtung der Integrität und Souveränität aller Staaten in Europa.

Von deutschem Boden muss Frieden ausgehen.

Diese Ziele und Abreden sind vielfältig gebrochen worden. Zuerst vom Westen, dann auch von Russland. Die NATO wurde nicht aufgelöst, sondern bis an die Grenzen Russlands ausgedehnt. Von deutschem Boden geht Krieg aus, zum Beispiel beim Jugoslawienkrieg, zum Beispiel beim Drohneneinsatz, zum Beispiel beim vielfältigen militärischen Einsatz der USA und Deutschlands an vielen Stellen der Welt.

Führende Sozialdemokraten leugnen und verleugnen ihre eigenen Leistungen und das vereinbarte Ziel: eine europäische Friedensordnung einschließlich Russlands.

Der sozialdemokratische Außenminister Steinmeier fällt zurück auf das Konzept des Kalten Krieges: Abschreckung gegenüber Russland. Auch wenn er das als Teil einer Doppelstrategie betrachtet, es ist die Abkehr vom Konzept der gemeinsamen Sicherheit.

Besonders trickreich arbeitet der ehemalige außenpolitische Sprecher der SPD-Bundestagsfraktion und frühere Koordinator der deutsch-amerikanischen Beziehungen, der Atlantiker Karsten Voigt an der Verschleierung der sicherheits- und außenpolitischen Wende der SPD. Auf einer Veranstaltung der Bundeskanzler Willy Brandt Stiftung wurde er vergangene Woche von Dr. Johannes Posth, dem Referenten des Pleisweiler Gesprächs am 2. Oktober 2016, auf die Abkehr vom Berliner Grundsatzprogramm und seiner Forderung zur Auflösung beider Blöcke angesprochen. Voigt erklärte das Berliner Grundsatzprogramm der Bundes-SPD schlicht und einfach zu einem Produkt der Berliner Landespartei – und wollte damit offensichtlich die Bedeutung dieser Programmatik und der friedenspolitischen Versprechen verniedlichen.

Wenn die SPD so weiterarbeitet und ihre eigenen größten Erfolge in der Ostpolitik wie bei der etwas sozialeren Gestaltung unseres Landes in den sechziger und siebziger Jahren verleugnet, dann unterschreitet sie demnächst die Grenze ei-

nes Wähleranteils von 20 Prozent. Das gleicht dem Selbstmord und der Zerstörung der sozialdemokratischen Idee.

Heute wird der SPD Konvent vermutlich CETA zustimmen; damit geht es weiter auf diesem verheerenden Weg.

Nun noch ein paar Anmerkungen zum Ergebnis der Berliner Abgeordnetenwahl:

Am Wahlabend konnte man sich das Ergebnis ein bisschen schönreden, weil zunächst noch 23 Prozent signalisiert worden sind. Aber das war nur von kurzer Dauer. Unter 22 Prozent für die Sozialdemokratie in ihrem Stammland Berlin, 21,6 Prozent und ein Verlust von 6,7 Prozent – das müsste als letztes Signal verstanden werden.

Hier die Ergebnisse laut Angaben der Berliner Wahlleiterin:

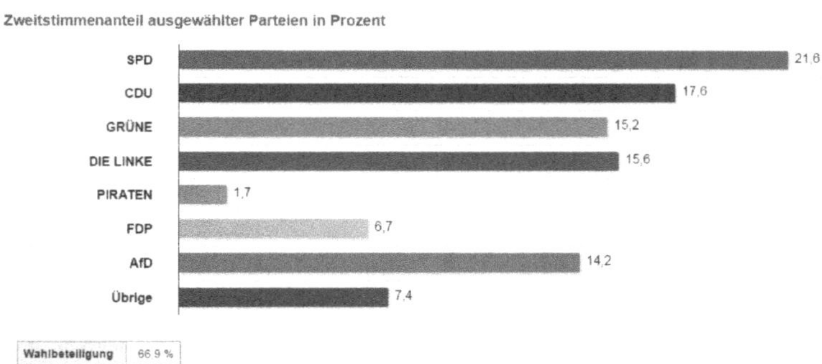

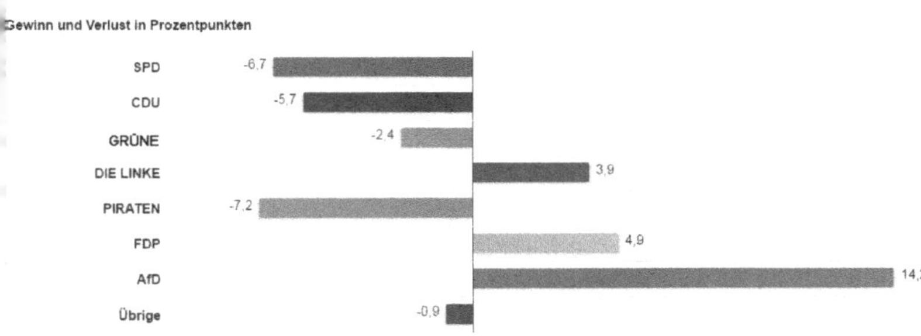

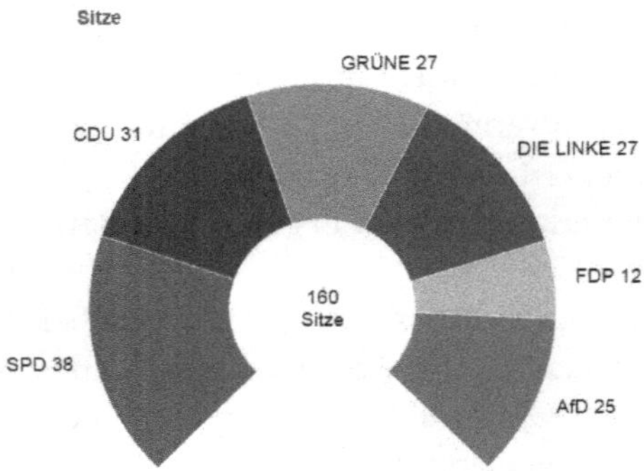

Partei	Sitze
SPD	38
CDU	31
GRÜNE	27
DIE LINKE	27
FDP	12
AfD	25

Quelle: wahlen-berlin.de

Der zweifache Schock: Schulz soll Kanzlerkandidat und obendrein Parteivorsitzender werden.

25. Januar 2017/von Albrecht Müller

Die gestern bekannt gewordenen Entscheidungen der SPD-Führung wurden in Medien und von den meisten interviewten Sozialdemokratinnen und Sozialdemokraten begrüßt. In meinem Umfeld war man eher schockiert. Es folgen Fragen und Ergebnisse des Nachdenkens über diesen Vorgang. Das vorläufige Fazit: Martin Schulz wird uns leider keine Alternative zu Frau Merkel bringen.

1. Wofür steht Schulz in der Sache?

Wo sind Unterschiede zu Merkels Politik und ihren Linien erkennbar?

- Schulz hat den neoliberalen Kurs mitgemacht. Es ist nicht bekannt, dass er sich gegen die Agenda 2010, den Aufbau eines Niedriglohnsektors und den wesentlich neoliberal bestimmten Lissabon Prozess der Europäischen Union gewehrt hat.

- Und seine Europapolitik? Er steht für das Europa, das in eine Krise geraten ist. Selbstgemacht von den handelnden Personen. Er hätte als Präsident des Europäischen Parlaments auf den Barrikaden stehen müssen, als demokratische Entscheidungen in Griechenland von Brüssel und von Berlin aus mit Füßen getreten wurden.
- Er hat die Umdeutung der Finanzkrise in eine Staats-Schuldenkrise mitgemacht.
- Jetzt spricht Schulz viel von sozialer Gerechtigkeit, offenbar soll das ein Schwerpunkt werden. Er hätte als Präsident des europäischen Parlaments die Sozialstaatlichkeit Europas als etwas Besonderes, als einen kulturellen Schatz, hervorheben und pflegen müssen. Haben Sie davon etwas gemerkt?
- Haben Sie irgendwann von Schulz irgendetwas gehört zu der entscheidenden Frage, wie wir in Europa dazu kommen können, dass alle Völker Europas am Produktionsprozess, auch am industriellen Produktionsprozess, teilhaben können? Ich kenne keine fordernde oder auch nur ermunternde Intervention des früheren Parlamentspräsidenten zugunsten einer Annäherung der Lohnstückkosten und der Wettbewerbsfähigkeiten in Europa und speziell im Euro Raum. Das mag ökonomisch-technisch klingen. Es wäre aber ein entscheidender Schritt zur Rettung der europäischen Einigung und eine Voraussetzung dafür, dass den Rechtsradikalen das Wasser abgegraben wird. Deshalb ist es wichtig.
- Und dann eine entscheidende Frage: Sind von Schulz Impulse zu erwarten, die Deutschland und den Westen dazu bringen könnten, den neu entfachten und auch militärisch angereicherten Konflikt zwischen West und Ost einzufangen und abzubauen? Ich kenne von Schulz nur üble und dummdreiste Sprüche gegen Putin und die Russen – meist geäußert in Talkshows. Schulz ist weit entfernt von der genuin sozialdemokratischen Entspannungspolitik. Gabriel hätte ich nach seinen bisherigen Äußerungen eher zugetraut, diesen Faden wieder

aufzunehmen. – Wenn Sie andere Erfahrungen haben, wir veröffentlichen sie und korrigieren damit diese kritische Einschätzung des neuen Kanzlerkandidaten der SPD.

2. Chancen zum Wechsel? Sind die Wahlchancen mit Martin Schulz höher?

Als gestern die Entscheidung für Kanzlerkandidat und Parteivorsitz der SPD verkündet wurden, war des Öfteren und in Variation zu hören, mit Schulz seien die Chancen für die SPD und auch für einen Wechsel im Kanzleramt höher als mit Gabriel. In den Tagesthemen wurde sogar verlautbart, Gabriel selbst meine, Schulz habe bessere Chancen. Die Kommentatorin der ARD berichtete, Schulz sei viel beliebter. Da müssen ich und viele meiner Freundinnen und Freunde eine Wahrnehmungspanne haben. Wir halten Schulz weder für beliebter noch für telegener und insgesamt nicht für attraktiver – nicht einmal attraktiver als Gabriel, obwohl dieser Vergleich schon eine Herausforderung ist.

Die Frage danach, wie einer rüberkommt, mögen manche unserer Leserinnen und Leser für unwichtig und auch für unerlaubt halten. Das ist sogar verständlich, aber es ändert nichts an der Tatsache, dass in einer Zeit der visuellen Wahrnehmung und Urteilsbildung danach, was man gesehen hat, auch diese Gesichtspunkte wichtig sind.

Zur Einschätzung der Wahlchancen sind möglicherweise ein paar Zahlen relevanter:

- Bei der Bundestagswahl im Jahre 2013 erreichte die SPD 25,7 Prozent. Nebenbei und hier nur nachrichtlich: die Linkspartei erreichte 8,6 Prozent und die Grünen erreichten 8,4 Prozent. Weil sowohl die AfD als auch die FDP an der Fünf-Prozent-Hürde scheiterten, hätte es zu einer Regierungsbildung von SPD, Linkspartei und Grünen gereicht. Die CDU/CSU hatte 41,5 Prozent der Stimmen bekommen.

- Bei der Bundestagswahl 2009 erreichte die SPD 23 Prozent. Damals war der laut Umfragen beliebte Bundesaußenminister Steinmeier der Kanzlerkandidat. Ist Martin Schulz attraktiver als Steinmeier, so viel attraktiver, dass er das Wahlergebnis von 23 Prozent in Richtung 30 Prozent und darüber reißen kann? Das überschreitet mein Vorstellungsvermögen.
- In Umfragen, die zwischen dem 5. Januar und heute gemacht wurden, schwankt die SPD bei der Sonntagsfrage zwischen 20 und 22 Prozent.

Ich weiß, gegenüber Umfragen muss man kritisch sein. Die Ergebnisse sind allenfalls Anhaltspunkte. Da aber die echten Wahlergebnisse der letzten Zeit (2016) in Sachsen Anhalt und Baden-Württemberg mit 10,6 und 12,7 sogar noch deutlich unter den 20 Prozent lagen – die Ausnahme war Rheinland-Pfalz mit 36,2 –, kann man eine gewisse Schlüssigkeit der neuerlichen Umfragen nicht von der Hand weisen.

- Das letzte SPD-Ergebnis vor dem Eintritt in die Regierungsbildung lag bei 40,9 Prozentpunkten. Wie ich in einem früheren Beitrag für die NachDenkSeiten schon hinwies, fielen in die Zeit zwischen diesem Ergebnis und dem Absturz elf Jahre später auf 23 Prozent (2009) gravierende politische Entscheidungen von führenden Sozialdemokraten, die eine Wählerin und einen Wähler nach dem andern von ihrer Partei wegtrieben: die Bereitschaft, die Bundeswehr in den ersten Kriegseinsatz und noch dazu außerhalb des NATO-Bereichs zu führen, und damit auch der Bruch der bisherigen Verteidigungsdoktrin, die Agenda 2010, Steuersenkungen für Unternehmen und Vielverdiener, der Aufbau eines Niedriglohnsektors mit prekären Arbeitsverhältnissen, und vor allem die Beschädigung der gesetzlichen Rentenversicherung und damit der wichtigsten Säule der Altersvorsorge usw..

Die daraus folgende naheliegende Frage: Ist von Martin Schulz zu erwarten, dass er die Entscheidungen, die aus der Sicht vieler Wählerinnen und Wähler Fehlentscheidungen waren, zu korrigieren bereit und fähig ist? Führt er die SPD zurück auf den Pfad der Friedenspolitik und Verständigung zwischen West und Ost?

Ist er bereit, die Fehler der Agenda 2010 zu bedauern und die Sozialstaatlichkeit Europas zum großen Thema zu machen?

Wird er die Sozialministerin Nahles dazu bringen, ihre Kraft auf die Stärkung der Gesetzlichen Rente zu setzen und sie und öffentliches Geld nicht in staatlich geförderter betrieblicher Altersvorsorge zu verplempern?

Die Chancen, zumindest den Anteil der SPD bei den Bundestagswahlen 2017 zu erhöhen, würden steigen, wenn es Schulz gelänge, Wählerinnen und Wähler von den anderen Parteien abzuziehen.

- Von der Union? Das wird schwer werden. Wer mit Merkel nicht zufrieden ist, geht eher zur AfD als zur SPD.
- Von der AfD? Wie das gelingen könnte, sehe ich noch nicht.
- Von der Linkspartei und von den Grünen? Bei den Grünen schlummern Potenziale, seit die Super-Realos Göring-Eckardt und Özdemir zum Spitzenduo bestimmt worden sind; bei der Linkspartei könnte etwas zu holen sein, wenn dort die offene Demontage der Spitzenkandidatin Wagenknecht durch die Co-Parteivorsitzende Kipping und ihre Anhänger einschließlich des Quasi-Parteiorgans Neues Deutschland weitergeht.

Aber ist Schulz die Person, die die linken Wählergruppen in den beiden genannten Parteien wieder an die SPD binden könnte? Eher ist das Gegenteil anzunehmen. Martin Schulz ist für diese Gruppen nicht sonderlich attraktiv.

Mit seiner Nominierung ist noch etwas anderes, für die SPD und für alle, die den Wechsel weg von Angela Merkel wollen, ziemlich Gefährliches näher gerückt: der Schritt zu Schwarz-Grün ist ausgesprochen leicht geworden, weil leicht zu begründen gegenüber den linksorientierten Anhängern der Grünen, wenn die Alternative »Merkel oder Schulz« heißt. Wer will wegen Schulz von den Grünen zur SPD wechseln?

Das Zwischenergebnis der Erwägungen über steigende Chancen mit Schulz: eher nein. Diese Einschätzung wird noch wahrscheinlicher, weil auch Martin Schulz eine entscheidende Tat zur Verbesserung der Wahlchancen der SPD und einer potentiellen Koalition aus SPD, Grünen und Linkspartei nicht wird vollbringen können:

Schulz ist nicht der Typ, weder von der Person noch von den Inhalten her, die eine Volksbewegung zugunsten eines Wechsels in Gang bringen kann.

Dazu eine kurze Erläuterung: Wie man jeden Tag beobachten kann, ist die heutige Bundeskanzlerin Merkel bei den etablierten Medien voll etabliert. Sie wird fast nur gelobt, nie grundsätzlich kritisiert. Und diese Lobpreisungen gehen inzwischen auch von wichtigen Medienmachern aus, die man linksliberal oder kritisch oder fortschrittlich nennen könnte. Merkel wird nicht nur von den Springer-Medien und den Bertelsmann-Medien gestützt, auch von *FAZ*, *Tagesspiegel*, *Frankfurter Rundschau*, der *Süddeutschen Zeitung* und von vielen regionalen und Lokalzeitungen – von den privaten Sendern und dem öffentlich-rechtlichen Fernsehen und Hörfunk-Betrieben sowieso.

Der konkurrierende Kandidat Schulz wird also mit einer gut gebauten und immer wieder variierten Medienbarriere zu rechnen haben.

Er wird auf jeden Fall nicht auf eine messbare Unterstützung von Seiten der etablierten Medien zählen können, im Gegenteil, auch solche Medienmacher, die ihn heute noch einigermaßen freundlich behandeln, werden im Laufe des Wahlkampfes jede

Scheu verlieren und Schulz massiv kritisieren, um ihrer Präferenz für Angela Merkel gerecht zu werden.

In dieser Situation bleibt gar nichts anderes übrig, als eine Volksbewegung und eine Gegenöffentlichkeit aufzubauen und die Menschen zu mobilisieren, sie aufzuklären, sie zu ermuntern mitzumachen. Sanders und Corbyn haben das vorgemacht, genauso Podemos in Spanien.

Soll Martin Schulz den Aufbau dieser Volksbewegung und der notwendigen Gegenöffentlichkeit mithilfe von Menschen schaffen? Er wird es nicht im Ansatz schaffen. Wahrscheinlich wird er es gar nicht wollen. Und Schulz hat programmatisch und inhaltlich nichts zu bieten, was eine Volksbewegung motivieren und begeistern könnte.

Das wird dann der Hauptgrund dafür sein,

- dass Schulz vermutlich – was die SPD betrifft – nicht annähernd an die 30 Prozent (von unten) herankommt und
- dass es für ein Bündnis von SPD, Grünen und Linkspartei – und auch für ein solches Bündnis einschließlich der FDP (falls diese überhaupt wollte) – nicht reicht.

3. Hatte Sigmar Gabriel und die SPD eine andere Option?

Nicht in den eigenen engeren Reihen der Mandatsträger. Das stimmt. Aber der bisher amtierende SPD-Vorsitzende Gabriel hatte Zeit genug, nach unkonventionellen Lösungen zu suchen. Darauf sind wir auf den NachDenkSeiten auch früher schon zu sprechen gekommen. Ungewöhnliche Situationen machen auch ungewöhnliche Lösungen möglich und nötig. Gabriel hätte unter SPD-Mitgliedern im Land und unter Führungspersonen auch außerhalb der SPD suchen können.

Es hätte sogar nahegelegen, die Gelegenheit zu nutzen, um die Linke insgesamt wieder zusammenzubringen oder sich jedenfalls näher zu bringen Gabriel hätte vorschlagen können, die Spitzenkandidatin der Linken zur gemeinsamen Kanzlerkandidatin zu machen. Das hätte in seiner Partei einen kleinen Sturm der Entrüstung ausgelöst, aber viele Probleme gelöst. Und vor allem einen Schub für die Bundestagswahl 2017 ausgelöst, eine totale Politisierung, ein spannendes Match, die Aussicht auf eine Alternative.

Aber das ist vergossene Milch. Nicht mehr zu retten.

So wird Sigmar Gabriel als jener Vorsitzende der SPD in die Geschichte eingehen, der ihren Niedergang, der mit dem Jugoslawienkrieg und der Agenda 2010 begonnen hat, fortsetzte, nicht aufhielt und aus dieser ältesten Volkspartei eine 20 Prozent Partei gemacht hat.

Unabhängig von dieser Entwicklung der SPD bleibt die Frage, wo und wie der fortschrittliche Teil unserer Gesellschaft – zu dem sich die NachDenkSeiten zählen – die Akzente im kommenden Wahlkampf setzen wollen. Eine offene Frage, vorerst ohne Antwort.

Klare Ansage von Wagenknecht: Wenn SPD und Grüne nicht zum Politikwechsel bereit sind, macht die Koalition mit ihnen keinen Sinn.

12. Juni 2017/von Albrecht Müller

Über lange Zeit haben auch wir in Texten auf den NachDenkSeiten die Hoffnung genährt, es könne einen Politikwechsel mithilfe von SPD und Grünen geben. Dass dies inzwischen zum einen rechnerisch und zum andern wegen der mangelnden Bereitschaft von SPD und Grünen, sich ihrer programmatischen Wurzeln zu besinnen, nicht möglich sein wird, haben wir vor einiger Zeit festgestellt. Die Spitzenkandidatin der Linken, Sahra Wagenknecht hat beim Parteitag der Linkspartei ihre Position klar und interessant formuliert: Wir wollen die Grundrichtung der Politik verändern. Wenn wir dafür Partner finden, dann wollen wir auch regieren. Wie so oft ist auch diese Wagenknecht-Rede bemerkenswert.

Es folgen zunächst ein paar Kerngedanken aus der Rede. Dann eine Anmerkung zum Kernproblem der SPD, zur Ursache ihrer Unfähigkeit, sich auf sozialdemokratische Werte und programmatische Vorstellungen zu besinnen. Und dann noch wenige Beispiele zur geradezu besinnungslosen Reaktion von wichtigen Medien auf Wagenknecht und den Parteitag der Linken.

Kernaussagen von Sahra Wagenknecht (in eigenen Worten)

- Bei der Wahl in Großbritannien ist sichtbar geworden: Wahlen gewinnt man nicht durch Anpassung, sondern durch ein eigenes Profil.
- Wir (die Linke) wollen die Grundrichtung der Politik verändern. Wenn wir dafür Partner finden, dann wollen wir auch regieren.
- SPD und Grüne sind zurzeit zum wirklichen Politikwechsel nicht bereit und nicht fähig.
- Wenn SPD und Grüne zur Vernunft kommen sollten, dann wäre eine gemeinsame Politik und Regierung möglich
- Wir wollen nicht die Vielfalt der neoliberalen Koalitionen, wie wir sie heute vorfinden (Schwarz-Rot, Schwarz-Grün, Schwarz-Grün-Blau, Schwarz-Blau und so weiter) ergänzen um eine weitere Variante.
- Gute Opposition ist in dieser Situation besser als schlechte Regierungspolitik.
- Die in der öffentlichen Debatte gezogene Trennlinie zwischen Trump und Clinton/Obama wird der Wirklichkeit nicht gerecht. Die frühere Politik, auch die von Obama, ist mitverantwortlich dafür, dass Trump gewählt worden ist.
- Der Neoliberalismus ist der Vater der rechten und reaktionären Kräfte.

- Die Brutalität im Netz ist der Spiegel der Brutalität in der Gesellschaft, auch der Spiegel der Brutalität der herrschenden Kreise.
- Einen Corbyn würden wir gerne zum Kanzler wählen. Aber wir können aus Martin Schulz keinen Corbyn machen.
- Dass Martin Schulz zunächst so viel Zustimmung fand, hat etwas mit der dahinter steckenden Hoffnung auf einen Politikwechsel zu tun.
- Es gibt in Deutschland eine Wechselstimmung.
- Aber Schulz hat die Hoffnungen zerstört.
- Er soll aufhören, von sozialer Gerechtigkeit zu reden.
- Wagenknecht zitiert Oppermann und seine groben Fehleinschätzungen der Chancen von Corbyn und seine diffamierenden Äußerungen über Corbyn in einem Welt-Interview.
- Vor allem das Lob von Schulz für die hohen Handelsüberschüsse Deutschlands zeige die mangelnde Qualität des Kanzlerkandidaten der SPD. »Das hätte Schäuble auch nicht schlimmer sagen können.«
- Die vorgesehene Rentenreform mit der Ausweitung der staatlich geförderten Betriebsrente nennt Sahra Wagenknecht »Betrugsrente«. Sie beklagt die Unfähigkeit der SPD zu einer sozialen und effektiven Rentenpolitik.
- Die Linke sei die einzige Partei, die auf große Spenden großer Interessen aus der Rüstungs- und Finanzwirtschaft verzichtet.
- Die SPD hat in der Außen- und Sicherheitspolitik ihren Kompass verloren. Helmut Schmidt habe festgestellt, die NATO sei in Wirklichkeit überflüssig. Die SPD selbst habe 1989 ähnliches in ihr Grundsatzprogramm geschrieben.
- Von deutschem Boden darf kein Krieg ausgehen. Das war einmal einer der Kernsätze ihrer Politik.

Sahra Wagenknecht meinte gegen Ende ihrer Rede: Wenn Ihr wieder zu einer verantwortlichen Politik zurückfindet, dann ist die Zusammenarbeit möglich.

Die Hoffnung darauf ist gering.

Das Kernproblem: Die heute die SPD beherrschenden Seeheimer und Netzwerker sind am Regieren nur interessiert, wenn sie ihre programmatische Linie durchsetzen können. Diese wird bestimmt

- von einer neoliberal geprägten Wirtschafts- und Gesellschaftspolitik und
- von der Absicht, die militärischen Interventionen von NATO und Bundeswehr außerhalb des Verteidigungsbereichs fortzusetzen.

Zwischen diesen Positionen und dem notwendigen Politikwechsel gibt es keine Brücke, jedenfalls zurzeit nicht.

Die jämmerliche Reaktion einiger wichtiger Medien auf den Linken-Parteitag und die Rede von Wagenknecht:

Sahra Wagenknecht hat mit ihrer Rede den Spieß umgedreht. Sie hat dabei nur die reale Lage beschrieben: SPD und Grüne sind in ihrer jetzigen Verfassung nicht fähig zum Politikwechsel und sie sind deshalb das eigentliche Hindernis für eine gemeinsame Regierungskoalition von Rot-Rot-Grün.

Diese Beschreibung der Wirklichkeit können einige unserer Hauptmedien offensichtlich nicht ertragen. Dazu drei Beispiele:

1. Die Reaktion meiner Tageszeitung (Die Rheinpfalz) auf der Basis von dpa/afp/rtr

Die Überschrift des heutigen Aufmachers über dem Bericht zum Parteitag der Linken in Hannover lautet:
»SPD und Grüne gehen auf Distanz zur Linken«.
Offenbar können die dafür verantwortlichen Journalisten nicht ertragen, dass der Realität entsprechend der Spieß umgedreht worden ist. Deshalb berichten sie unter der zitierten Überschrift dann auch:

»Beim Parteitag in Hannover legen die Linke-Delegierten die Hürden für eine eventuelle Koalition nach der Bundestagswahl sehr hoch. Beschlüsse wie der völlige Verzicht auf Kampfeinsätze der Bundeswehr stoßen auf Kritik.«

Nicht die Delegierten der Linkspartei haben die »Hürden hoch gelegt«. Das geschah durch die Politik der Anpassung von SPD und Grünen in den letzten 18 Jahren – bestimmt von den Beschlüssen zur Agenda 2010 und zur völkerrechtswidrigen militärischen Intervention in Jugoslawien.

Unberührt von diesen Fakten wird dann im weiteren Verlauf des Artikels gleich im ersten Absatz Oppermann und Özdemir mit den üblichen Aussagen zitiert: Die Linke bleibe außenpolitisch unzuverlässig. Oppermann:

»Die Linken wollen nach meiner Wahrnehmung überhaupt nicht in eine Regierung.«

Das geht alles total vorbei an dem, was die Hauptbotschaft des Linke-Parteitags und insbesondere der Rede von Sahra Wagenknecht ist.

Weiter im gleichen Stil in der Tagesschau (II) und dann noch beim MDR (III):

2. Ein Kommentar der ARD-Tagesschau:

»Die Linke lähmt sich selbst
Was will die Linkspartei? Der Ostflügel der Partei will an die Macht – der Westflügel führt lieber Ideologiedebatten. Damit mauert sich die Partei in der Opposition ein. Dort ist sie momentan auch besser aufgehoben. *Ein Kommentar von Matthias Zahn, ARD-Hauptstadtstudio*
Eine Delegierte hat es in ihrer Rede auf den Punkt gebracht: »Rot-Rot-Grün ist tot.« Besser kann man es nicht ausdrücken. Die Linke hat auf ihrem Parteitag wieder mal gezeigt, dass sie nicht regierungsfähig ist. Die roten Linien aus dem Wahlprogramm mauern die Partei in der Opposition ein.

Auslandseinsätze der Bundeswehr beenden, eine Vermögenssteuer, das Aus für Hartz IV – das wird mit der SPD nicht zu machen sein. Die Linke ist mehrheitlich nicht fähig zu regieren. Und die Basis will es ganz offensichtlich auch nicht.

Die Regierungsgegner vom radikal-linken Parteiflügel haben über weite Strecken den Ton auf dem Parteitag angegeben. Sie haben die linken Minister aus den Landesregierungen in Thüringen, Brandenburg und Berlin abgekanzelt – als Verräter an der reinen linken Lehre.

Progressiver Osten gegen reaktionären Westen

Die Regierungsgegner kommen mehrheitlich aus dem Westen. Dort gibt es nach wie vor viele Ideologen, die Kompromisse für Teufelszeug halten. Auf der anderen Seite stehen die Realos aus dem Osten, die auch im Bund mitregieren wollen. Die Lager sind verfeindet. Sie schlagen lieber Schlachten im internen Flügelkampf, als sich gemeinsam gegen etwas zu verbünden. Über den jeweils anderen werden spitze Bemerkungen gemacht. Es gibt verächtliche Blicke. Diese Selbstbeschäftigung lähmt die Partei.

Die beste Garantie dafür, dass die Linkspartei in der Opposition bleibt, ist aber Sahra Wagenknecht. In ihrer Parteitagsrede hat sie die SPD wieder scharf angegriffen und dafür Jubelstürme geerntet. So wird das Klima vergiftet, bevor überhaupt Koalitionsverhandlungen begonnen haben. (…)«

3. Kommentar MDR

»Die Linke steht sich selbst im Weg

Die Linke hat die soziale Absicherung ins Zentrum ihres Programms für die Bundestagswahl gestellt. Sie fordert unter anderem eine Mindestsicherung von 1 050 Euro anstelle von Hartz IV und eine Erhöhung des Mindestlohns auf 12 Euro. Außerdem verlangt die Linke eine Abschaffung der Nato und aller Geheimdienste. An einer Regierung will die Partei sich nur beteiligen, wenn alle Kampfeinsätze der Bundeswehr beendet werden. *von Kristin Schwietzer, MDR-Hauptstadtstudio*

Wollen sie nun oder wollen sie nicht? Regieren oder doch lieber Opposition? Es ist die alte Frage, die in Hannover wieder aufflammt. Viele radikale Linke aus dem Westen wollen es lieber nicht. Und die Reformer aus dem Osten können das Veto nicht mehr hören. Augenrollen bei vielen ostdeutschen Verbänden, wenn wieder mal einer rot-rot-grün für tot erklärt, so wie Sahra Wagenknecht vor dem Parteitag.

Auch am Sonntag hat die linke Spitzenkandidatin für die Bundestagswahl die Koalitionsdebatte noch einmal befeuert. Regieren ja, ruft Wagenknecht den Delegierten zu, aber nicht um jeden Preis. Dann sei eine gute Opposition allemal besser, als schlechtes Regieren.

Linke verstrickt sich in schwierige Debatten

Die Gesichter der Parteivorsitzenden sagen alles. Kipping und Riexinger klatschen höflich mit, mehr nicht. Offene Kritik an Wagenknecht gibt es dennoch nicht. Auch nicht von Dietmar Bartsch, ebenfalls Spitzenkandidat bei der Bundestagswahl. Katja Kipping spricht von unterschiedlichen Tonalitäten.

Doch Schönreden hilft nichts. Auch inhaltlich verstrickt sich die Linke einmal mehr in schwierigen Debatten, zum Beispiel beim Thema Auslandseinsätze der Bundeswehr. Da wird es vermutlich nicht einmal für einen Minimal-Kompromiss in einer Koalition reichen. Kein wirkliches Angebot für die SPD.

Wer regieren will, muss es klar sagen

Das eigentliche Dilemma der Linkspartei: Die SPD distanziert sich und das befeuert wiederum die radikalen Linken. Und wenn die Partei sich weiter selbst zerfleischt, hat sie die Chance auf eine Regierungsbeteiligung schon fast verspielt.

Die Linke steht sich selbst im Weg. Wer regieren will, muss es auch klar sagen. Ansonsten entscheidet der Wähler, wo die Linkspartei im September landet. Nämlich wieder in der Opposition.«

Anmerkungen zu II und III:

- Die beiden Kommentare könnten unabhängig vom Verlauf des Parteitages und vom Inhalt der Rede Wagenknechts geschrieben worden sein. Aus dem Stehsatz sozusagen.
- Das gilt für das Klischee von den »Reformern« im Osten und den »Reaktionären« im Westen. Natürlich fehlt jeder Beleg dafür, dass die Position von Sahra Wagenknecht reaktionär sei. Nebenbei: Wieder ein Musterbeispiel für die Unsachlichkeit, ja für die Verkommenheit von wichtigen Redaktionen der ARD.
- In beiden Kommentaren wird die Verantwortung für die Unmöglichkeit einer gemeinsamen Regierung von Rot-Rot-Grün der Linken zugeschoben. schon in der Überschrift fast gleichlautend: »Die Linke lähmt sich selbst« (ARD Tagesschau) und »Die Linke steht sich selbst im Weg« (MDR)
- Erstaunlich ist auch die Tatsache, dass die Kommentierenden offensichtlich noch nicht wahrgenommen oder nicht verarbeitet haben, dass es nach den vergangenen Wahlen und den aktuellen Umfragen und den Perspektiven für die Wahl im September nicht gerade so aussieht, als gäbe es überhaupt noch die Chance für Rot-Rot-Grün.

Schulz ist als Tiger gestartet und als Bettvorleger an der Saar gelandet. Einige Beobachtungen vom Wahlabend.

27. März 2017 / von Albrecht Müller

Das Fazit vom Wahlabend an der Saar: eine Alternative zu Merkel wird es mit der Schulz-Strategie nicht geben. Das freut mich nicht. Es ist die nüchterne Feststellung nach Beobachtung der Berichterstattung vom Wahlabend im ZDF, bei Anne Will und bei den Tagesthemen.

3. **Das Ergebnis der Landtagswahl:**[1]

- CDU 40,7 *+5,5*
- SPD 29,6 *-1,0*
- Die Linke 12,9 *-3,3*
- Piraten 0,7 *-6,7*
- Die Grünen 4,0 *-1,0*
- FDP 3,3 *+2,0*
- AfD 6,2 *+6,2*

Das Ergebnis hat viele überrascht. Es entsprach nicht den von den Umfragen und der Stimmungsmache pro Martin Schulz erweckten Erwartungen. Aber das waren bewusst geweckte Fehleinschätzungen.

Ein Leser der NachDenkSeiten hat in einer Mail vom Wahltag (vor Vorliegen des Ergebnisses) großartig vorhergesagt, was passiert ist und passieren wird:

»Die Wahlvorhersagen sind mittlerweile ein weiteres Instrument der Manipulation. Dass sie mehrfach total fehlgingen, stört niemanden. Für heute wird im Saarland wieder ein enges Rennen vorhergesagt. Es sollte mich nicht wundern, wenn am Ende Kramp-Karrenbauer doch fünf Punkte vor Rehlinger liegt.«

4. **Am Wahlabend konnte man bei den Hauptmedienmachern deutlich erkennen: Sie waren sichtlich erleichtert, feststellen zu können, dass der Schulz-Hype keine reale Basis hat und ihre Favoritin, Angela Merkel, auch die Bundestagswahl gewinnen wird.**
5. **Wie sehr die öffentlich-rechtlichen Sender zu Propagandainstrumenten der Union geworden sind, wurde bei Anne Will körperlich sichtbar.** Sie oder ihre Regisseure haben den CDU/CSU-Fraktionsvorsitzenden Kauder direkt neben die Moderatorin gesetzt. Er übernahm im Laufe des Abends des Öfteren die Moderatorenrolle. Wenn andere Gesprächsteilnehmer sich geäußert hatten, kommentierte er,

die Kamera war häufig auf ihn gerichtet und nicht auf die Moderatorin Will. Er redete auch sonst ständig dazwischen. Ohne massive Intervention der Moderatorin – von einer zaghaften Ermahnung am Ende der Sendung abgesehen.

Die saarländische Ministerpräsidentin und die dortige CDU wurden im ZDF und in der ARD innerhalb weniger Stunden gleich mehrmals gefeiert und mit Bundeskanzlerin Merkel in Verbindung gebracht. Das war klar erkennbar die Vorbereitung für den Bundestagswahlkampf und auch die nächsten Landtagswahlgänge.

6. **Die für die Festigung der Macht von Angela Merkel und der neoliberal geprägten Gesellschaftspolitik notwendigen Botschaften wurden systematisch und aus verschiedenen Ecken eingeführt, wiederholt und mit Umfragen scheinbar bestätigt:**

- Massiv wurde gegen die Regierungsbeteiligung der Linken agitiert. Es sei ein Fehler der SPD (und der Grünen) gewesen, die Zusammenarbeit mit der Linkspartei zu erwägen, Rotrotgrün oder Rotrot überhaupt zu wollen. Mit Umfragen wurde zu belegen versucht, dass die Zusammenarbeit mit der Linkspartei nicht gewollt wird. Kauders Feststellung – mit den Rechten (AfD) nicht und auch nicht mit den Linken – war sozusagen Konsens.
- Damit war klargemacht worden, dass es keine Alternative zu Frau Merkel und ihrer Politik geben wird.
- Bei Anne Will wurde auffallend deutlich die falsche Behauptung wiederholt und beleuchtet, die SPD könne nicht mit der Linkspartei wegen deren außen- und sicherheitspolitischer Position, ihrer Ferne und Kritik der NATO. Sahra Wagenknechts Hinweis, dass das doch genau die Position der SPD in ihrem Berliner Grundsatzprogramm gewesen sei, wurde einvernehmlich weggebügelt.
- Uns gehe es gut – diese zentrale Botschaft der Regierung Merkel wurde in Variationen abgehandelt.

- Ja es gebe sogar nicht einmal das Problem mangelnder sozialer Gerechtigkeit. Das wurde mit Umfragen von der Saar zu belegen versucht. Dort sei die überwiegende Mehrheit zufrieden mit der wirtschaftlichen Lage, mit ihrer eigenen sowieso und als ungerecht empfänden sie die Welt auch nicht.

7. **Es wurde sichtbar: die SPD ist ohne Strategie.** Sie hat wirklich an den Schulz Hype geglaubt und macht jetzt den Eindruck, als seien ihr die Beine weggeschlagen worden. Das wurde sichtbar an den Äußerungen der rheinland-pfälzischen Ministerpräsidentin Malu Dreyer bei Anne Will wie auch beim ARD-Interview mit der SPD Generalsekretärin Katarina Barley. Malu Dreyer machte schon gar nicht mehr den Versuch, für eine Alternative Rot-Rot-Grün zu werben. Sie propagierte als Wahlziel, die SPD wolle stärkste Partei werden. Und sie merkte wahrscheinlich gar nicht, wie unglaubwürdig ein solches Ziel angesichts des Aufschwungs der Union im Saarland jetzt schon erscheint. Sie wie auch die SPD insgesamt verstehen wohl nicht, dass sie mit der Programmierung dieses überzogenen Wahlziels immer unglaubwürdiger werden, je mehr wir uns dem Wahltag der Bundestagswahl nähern und je mehr der Schulz Hype abgeschmolzen wird.
8. **Dass die große Mehrheit der Medien für Angela Merkel und die damit verbundene neoliberale Politik eintreten werden und dass die SPD keine Chance hat, nachhaltig die Unterstützung dieser Medien zu bekommen, merken die tonangebenden Sozialdemokraten nicht.** Sie kommen deshalb auch nicht auf die Idee, nach alternativen Strategien zu suchen: Die alternative Strategie würde darin bestehen, eine Gegenöffentlichkeit gegen die herrschenden Medien aufzubauen und eine Volksbewegung für den politischen Wechsel in Gang zu setzen. Auf diese Konstellation und auf diese mögliche, wenn auch sehr unsichere Strategie habe ich

des Öfteren schon hingewiesen, unter anderem bei der Nominierung von Schulz. Das hätte verlangt und würde verlangen, den demokratisch gesonnenen Teil des Volkes zu mobilisieren. Schulz will das nicht und kann das vermutlich nicht. Und die von konservativen Sozialdemokraten geprägte Parteiführung insgesamt will das auch nicht. Das Fazit: wir gehen in ein ausgesprochen aussichtsloses Wahljahr.

Nehmen Sie es bitte den NachDenkSeiten nicht übel, dass wir aus Mist keine Marmelade machen können.

In sieben Wochen wird Bilanz gezogen. Dann ist Schluss mit Martin Schulz und der gesamten SPD-Führung.

8. August 2017/von Albrecht Müller

Seit 1998, einem Zwischenhoch der SPD, geht es mit ihr bei Wahlen und Umfragen permanent bergab. Die letzten Umfragen signalisieren, dass die Wahl am 24. September eine Katastrophe für die älteste Partei Deutschlands bringen wird: circa 23 Prozent. Bisher kümmern solche trüben Aussichten das sozialdemokratische Führungspersonal anscheinend nicht. Und Schulz wird bedauert, als habe er nichts damit zu tun.

Dass es den führenden Kräften in der SPD gelegentlich nicht um die politische Gestaltung und die politischen Erfolge geht, sondern um ein eigenartiges Überleben, ist 2005 und dann wieder 2009 sichtbar geworden. 2005 hat der damals amtierende Bundeskanzler Gerhard Schröder zusammen mit dem Parteivorsitzenden Müntefering mutwillig die Regierungszeit um ein Jahr abgekürzt und Neuwahlen angestrebt. Dabei war zu erwarten, dass sie die Kanzlermehrheit nicht wieder erreichen würden. Vermutlich war dem Parteivorsitzenden Müntefering und dem amtierenden Bundeskanzler Schröder die Absicherung der Agenda 2010 mehr wert als die sozialdemokratische Kanzlerschaft. So ist es auch gekommen. Bundeskanzlerin wurde Angela Merkel. Die große Koalition regierte und machte mit der Agenda 2010 weiter.

2009 dann hat der damalige SPD-Kanzlerkandidat Steinmeier, der eng mit der Agenda 2010 verflochten ist, die er als Kanzleramtschef zusammen mit Gerhard Schröder durchgesetzt hatte, das bisher schlimmste Ergebnis für die SPD eingefahren: 23 Prozent. Das ist gerade mal die Hälfte des bisher besten Ergebnisses von 45,8 Prozent der Zweitstimmen und 17,9 Prozent weniger als 11 Jahre zuvor, als 1998 die SPD mit Schröder/Lafontaine mit 40,9 Prozent den Wechsel von Kohl zu Rot-Grün schaffte.

Eigentlich wäre die Halbierung auf 23 Prozent ein Grund gewesen, Steinmeier zum Teufel zu jagen. Stattdessen hat er sich 2009 am Wahlabend von smarten, dunkel gekleideten jungen Männern im Willy-Brandt-Haus als quasi Wahlsieger feiern lassen, wurde dann mit dem wichtigsten Amt des Fraktionsvorsitzenden bedacht und 2013 in der nächsten Großen Koalition Außenminister und dann 2017 im Einvernehmen mit Merkel und der CDU/CSU Bundespräsident.

Die Sanktionen für das miserable Ergebnis von 23 Prozent im Jahre 2009 blieben also aus. Steinmeier ist die Treppe hinaufgefallen. Vermutlich dank seiner »großen Leistung«, dabei mitgeholfen zu haben, die SPD von sozialdemokratischer Programmatik und Praxis zu befreien.

Jetzt steht zu befürchten, dass nach der Wahl am 24. September 2017 wieder nicht aufgeräumt wird.

Ein Signal dafür ist der in den gestrigen Hinweisen zitierte Kommentar von Heribert Prantl, immerhin eines bedeutenden Meinungsführers der deutschen Publizistik, Innenpolitik-Chef und Mitglied der Chefredaktion der *Süddeutschen Zeitung*. Ihn zitiere ich, weil er symptomatisch ist für die Fehleinschätzung des jetzigen Spitzenkandidaten der SPD, seiner Attraktivität, seines Programms, seines Auftretens.

Heribert Prantl hat am 4. August einen eigenartigen Kommentar ins Blatt gehoben. Überschrift und Einstieg lauten:

»Die SPD verbrennt
Für Martin Schulz ist der Machtverlust der Sozialdemokraten in Niedersachsen ein Desaster. Was hilft es ihm, dass er ungeheuer fleißig ist und sich für seine Partei abstrampelt.

Kommentar von Heribert Prantl
(…) Der Machtverlust der SPD in Niedersachsen ist für Kanzlerkandidat Martin Schulz der vierte Schlag nach den verlorenen Wahlen im Saarland, in Schleswig-Holstein und Nordrhein-Westfalen. Schulz kann einem schon fast leidtun. Er ist ungeheuer fleißig, er strampelt sich ab, er bricht auf zu einer gewaltigen Wahlkampfreise durch die Republik – mit einem durchaus ordentlichen Programm, mit Slogans, die man gut goutieren kann. Aber der eigentliche Spruch, der Schulz begleitet, ist ein anderer, er hängt oft in Büros: ›Lächle und sei froh, es könnte schlimmer kommen! Und ich lächelte, ich war froh – und es kam schlimmer! ‹ Der SPD und ihrem Kanzlerkandidaten bleibt der Mut der Verzweiflung.«[2]

Hier wird so getan, als sei der Spitzenkandidat und Parteivorsitzende der SPD für das absehbare Desaster nicht verantwortlich. Prantl betont, der Kandidat Schulz sei fleißig und breche zu einer gewaltigen Wahlkampfreise durch die Republik auf. Das sind Selbstverständlichkeiten. Das können die Mitglieder der SPD genauso wie die Wählerinnen und Wähler von einem Spitzenkandidaten erwarten und das hat jeder frühere Spitzenkandidat auch so gehalten

Dann behauptet der große Publizist, das Programm von Schulz und SPD sei »durchaus ordentlich« und der Wahlkampf sei von Slogans geprägt, die man »gut goutieren kann«.

Das ist alles Kappes.

Das Programm ist dürftig, es enthält keine vernünftige, dauernde Revision der Agenda 2010, die Vorstellungen zur staatlich geförderten Betriebsrente sind von den Interessen der Versicherungswirtschaft geprägt und nicht geeignet, die Altersarmut zu bekämpfen, und die SPD findet auch mit Schulz nicht zurück zu ihrem Markenzeichen, der Entspannungspolitik und Verständigungspolitik zwischen West und Ost, im konkreten Fall zwischen Deutschland und Russland. Es gibt keine Absage an die Interventionskriege, die auch Deutschland und die SPD in den letzten Jahren mitgemacht hat. Das Programm ist ohne Vision und Profil.

Wenn Schulz und die SPD gegenüber der etablierten Bundeskanzlerin Merkel Punkte machen wollen, dann müssen sie sich ganz anders profilieren, dann muss klar werden, warum Merkel weg muss, und es muss eine Alternative auch grundsätzlicher Art geboten werden, eine wertorientierte Alternative. Davon am Ende dieses Textes noch ein bisschen mehr

Und Slogans, die man »goutieren kann« – meint der Innenpolitikchef der *Süddeutschen Zeitung*. Hat er sich diese angeschaut?

Soll man diese Lüge, die zum Beispiel das Plakat zur Rente und Altersvorsorge prägt, goutieren? Die Reformvorstellungen im Programm von Schulz und SPD sind nicht geeignet, dafür zu sorgen, dass »die Rente nicht klein ist, wenn die Kinder groß sind« – ebenso wenig, wie die von der SPD und Rot-Grün propagierte Riester-Rente.

Es könnte sein, dass der Innenpolitikchef der *Süddeutschen Zeitung* in seiner jetzigen Kommentierung geprägt ist von einer wahrlich erstaunlichen Haltung zum neuen Spitzenkandidaten der SPD gleich zu Beginn, am 30.1.2017. Damals war folgendes in der *Süddeutschen Zeitung* gedruckt:

»SPD – Schulz hat, was Merkel fehlt
Überschwang, Feuer, Begeisterung – das sind die Gaben des Martin Schulz. Der Kanzlerkandidat der SPD ist ein Mann mitten aus dem Leben, ein Populist im besten Sinne.

Kommentar von Heribert Prantl«[3]
Die in diesem Text erkennbare Fehleinschätzung durch den großen Innenpolitiker Heribert Prantl konnte ich schon damals, Ende Januar, nicht begreifen. Es war alles übertrieben. Es entsprach auch nicht der Einschätzung vieler Menschen, die sich die Person des Martin Schulz angeschaut haben und ihm zugehört haben. Letzthin fragte mich eine Nachbarin aus einer Arbeiterfamilie und traditionell Wählerin der SPD und verunsichert wegen der allgemeinen Begeisterung für Martin Schulz in den Tagen seiner Nominierung, ob ich das verstehe. Sie begreife das nicht. Sie müsse ihm nur zuhören und ihn anschauen.

Seltsam, Heribert Prantl lebt offenbar in einer anderen Welt und hat deshalb Stimmung gemacht, ohne den unmittelbaren menschlichen Eindruck zu beachten, den der frühere Präsident des europäischen Parlaments, Martin Schulz, auf Menschen macht.

Wenn es in den Parteien und bei ihren Werbeagenturen Gremien gäbe, die Spitzenkandidaten in der Zeit des Fernsehens und der visuellen Kommunikation aussuchen sollten und dafür Kriterien festlegen sollten, dann würde man auf Kriterien, die einem bei Martin Schulz enden lassen, nicht kommen. Martin Schulz ist wie Erich Ollenhauer, nur noch ein bisschen weniger bieder und auch ein bisschen weniger seriös. Dazwischen lagen bei der SPD

Willy Brandt, Helmut Schmidt, Hans-Jochen Vogel, Oskar Lafontaine, Johannes Rau.

Schon der erste Blick auf den neuen Kandidaten, seine Gestik, sein Sprechen, und dann seine inhaltlichen Aussagen sind doch so, dass man keine natürliche und selbstverständliche Sympathie empfinden kann. So geht es zumindest meiner Nachbarin und so geht es mir und ich bin davon überzeugt, dass es Hunderttausenden von Menschen in Deutschland so geht, dass ihre Einschätzung und ihr Empfinden aber von der Propaganda für Martin Schulz im Zuge seiner Nominierung wie auch durch das Ergebnis von 100 Prozent bei der Wahl zum Vorsitzenden einfach totgeschlagen worden sind. Jetzt bricht das Unbehagen auf, jetzt kommt die Offenbarung.

Die Euphorie in Zeiten der Nominierung zwischen Januar und März 2017 hat den Spitzenkandidaten und seine Berater wie auch die SPD-Führung offenbar dazu verleitet, nicht darüber nachzudenken, mit welchem Programm, mit welchem Profil, mit welchen Themen, mit welchen Konflikten Angela Merkel aus dem Amt gehoben werden könnte.

Publizisten wie Heribert Prantl sind zusammen mit anderen Multiplikatoren einschließlich einiger als links geltender Personen maßgeblich dafür verantwortlich, dass Martin Schulz darauf verzichten konnte, ein wirklich progressives Programm aufzulegen und den substanziellen Konflikt mit Angela Merkel zu suchen und sich und die SPD damit zu profilieren.[4] Sie haben zur Selbstgenügsamkeit beigetragen, sie haben ihn nicht gezwungen, das Naheliegende zu tun. Das gilt bis heute. Auch heute fühlt sich der Spitzenkandidat offenbar nicht dazu veranlasst, die auf der Straße liegenden Möglichkeiten zur Profilierung und zur Auseinandersetzung mit der regierenden Bundeskanzlerin zu nutzen. Ich will an wenigen Beispielen zeigen, was nötig wäre und welche Chancen es gäbe und gegeben hat:

Erstens hätte Martin Schulz die Sanktionen der USA gegenüber Russland und den damit ausgeübten Zwang auf Europa

nutzen müssen, um zu sagen: Bis hierher und nicht weiter. Wir müssen uns aus der Vormundschaft der USA befreien. Wir müssen die Autonomie Europas von den USA anstreben. Wir wollen Frieden und Zusammenarbeit mit allen Völkern Europas, auch mit den Russen, und wenn die USA das nicht mittragen, dann sollen sie gehen. Bei aller Freundschaft, aber wir wollen die imperialen Spielchen der USA nicht weiter mitmachen und auch nicht ihre Kriege mittragen.

Der SPD Spitzenkandidat hat die Chance nicht genutzt, die die Sanktionen des amerikanischen Kongresses für seine Profilierung bedeutet hätten. Er hat es jetzt auch dem FDP-Vorsitzenden Lindner überlassen, in Sachen Krim einen Vorstoß der Verständigung mit Russland zu machen. Lindner weiß offensichtlich, wie man sich profiliert, und wie man von der SPD und den Grünen Stimmen abzieht. Schulz hat nichts kapiert und das gilt wohl für die gesamte SPD-Führung.

Zweitens: Martin Schulz sollte endlich einmal sagen: Merkel muss weg! Und er sollte das in fünf oder zehn Punkten begründen. Fünf Gründe, die sich jeder merken kann, und die endlich mit dem allgemein vermittelten Gefühl aufräumen, diese Bundeskanzlerin habe gut regiert. Es muss den Leuten doch klarwerden, dass das nicht stimmt. Von der Austeritätspolitik, von der Demütigung Griechenlands bis zur Verlotterung unserer Infrastruktur und zu den Privatisierungswellen auf Kosten der Steuerzahler und der Menschen, die auf öffentliche Güter angewiesen sind – lauter Minuspunkte, über die aber nicht gesprochen wird.

Drittens müsste der SPD-Spitzenkandidat deutlich machen, in welcher Konstellation er den Wechsel in Berlin erreichen und die Macht für eine neue Koalition erobern will. Die Menschen wollen wissen, mit wem sich die SPD zusammentun will. Das war immer so. Es ist eine Illusion, es ist dumm, zu meinen, man könne die Koalition verschweigen, in der man antreten will. Wenn Schulz diesem Bedürfnis entsprechen wollte, müsste er allerdings die Feindseligkeit gegenüber dem potentiellen linken Partner, der Linkspartei aufgeben. Wenn er das nicht tut, zwingt er eingefleischte Sozialdemokraten dazu, die Linkspartei zu wählen.

Da Schulz nicht einmal die hier unter erstens genannte Profilierungschance nutzte und da er auch die beiden anderen wichtigen Punkte nicht beachtet, bleibt es wohl bei dem in den Umfragen erkennbaren Ergebnis von circa 23 Prozent. Dann ist die Spitzenkandidatur erledigt und dann muss Schulz den SPD-Vorsitz niederlegen und am besten tritt der gesamte Vorstand zurück.

Zukunft ist gut für alle … die paradoxe Parallelwelt der Wahlplakate

10. August 2017 / von Jens Berger

Nun sind es nur noch sieben Wochen bis zum Wahlsonntag. Alle Jahre wieder buhlen die Parteien mit bunten, mal mehr, meist weniger originellen Plakaten um Wählerstimmen. Wobei der Begriff »Wahlkampf« eigentlich nicht mehr zutreffend ist. Die CDU sitzt die Wahlen ganz einfach aus, ist ihr Sieg doch ohnehin nicht ernsthaft bedroht und die SPD weigert sich beharrlich, inhaltliche Alternativen anzubieten, wie am Dienstag bereits Albrecht Müller treffend analysierte. Zwei der vier »kleinen Parteien« bewerben sich handzahm um die Juniorpartnerschaft, die Linkspartei appelliert einsam auf weiter Flur an die unteren 90 Prozent und die AfD suhlt sich in der Rolle des Parias. **Jens Berger** hat sich für die NachDenkSeiten einmal die Plakate angeschaut, mit denen ganz Deutschland in den kommenden Wochen verunstaltet wird.

CDU – die Kanzlerin ist die Kernbotschaft

Die CDU scheut den inhaltlichen Wahlkampf wie der Teufel das Weihwasser. Das ist nicht neu. Neu ist auch nicht, dass der Wahlkampf der Christdemokraten extrem auf die Kanzlerin zugeschnitten ist. Die CDU braucht keine Inhalte. Merkel ist schließlich die Botschaft; Inhalte hat man da bereits seit längerem überwunden. So strahlt dann auch erstaunlich zeitlos eine deutlich mit Photoshop aufgehübschte Kanzlerin vom Hauptplakat entgegen – »Für ein Deutschland, in dem wir gut und gerne leben.« Es war zu erwarten, dass die CDU mit einer Variation des beliebten »Uns geht es doch gut« in den Wahlkampf zieht; ein PR-Märchen, das auch von den Medien gerne verbreitet wird. Im Kern könnte die CDU auch auf Ihr Plakat von 1957 zurückgreifen: »Keine Experimente! Konrad Adenauer« Die Aussage ist die gleiche. Freilich muss man dabei jedoch bedenken, dass die politische Konkurrenz 1957 in der Tat Alternativen angeboten hatte. So plädierte die SPD damals für einen Austritt der Bundesrepublik aus der NATO, um eine rasche Wiedervereinigung zu ermöglichen. Heute hält die SPD selbst nichts von »Experimenten«.

Auch ansonsten gibt sich die CDU gewohnt uninspiriert und bräsig. »Für eine starke Wirtschaft und sichere Arbeit«, »Für Sicherheit und Ordnung« und »für mehr Respekt vor Familien« – dies sind traditionell konservative Slogans, die offenbar an die Kernwählerschaft der CDU adressiert sind und Ehe für Alle hin, Einsparungen bei der Polizei her, bei diesen Wählern sicher auch haften bleiben. Bei der CDU kümmert sich die Mutter ums Kind und der Mann schreinert, um das Geld zu verdienen – als Zugeständnis an die jüngeren Wähler auf dem Lande trägt er immerhin einen Fünftagebart. Oh wie hip! So plakatiert eine Partei, die inhaltliche Debatten bereits überwunden hat, eigentlich gar keinen Wahlkampf machen will und es offensichtlich auch gar nicht nötig hat, kreativ zu sein.

SPD – ein zynisches Willkommen im Paralleluniversum

Vollkommen ratlos lassen die Plakate der SPD den kritischen Betrachter zurück. Zynisch könnte man sagen, dass die Plakate höchstens Wähler ansprechen können, die in den 90ern ins Koma gefallen und erst jetzt wieder aufgewacht sind. Denn die SPD auf den Plakaten hat mit der real existierenden SPD des Jahres 2017 nichts zu tun. Und selbst wenn man diesen nicht unerheblichen logischen Fehler einmal ignoriert – plakatiert so eine Partei, die gewinnen will? Wohl kaum.

»Zukunft braucht neue Ideen« … ach was? Tatsächlich? Wer denkt sich bitte solche Slogans aus? Das erinnert in all seiner

Inhaltsleere schon fast an den Satire-Slogan »Zukunft ist gut für alle!«, mit dem der Komiker Ralf Kabelka vor rund zehn Jahren als Politiker-Parodie Dr. Udo Brömme auf Tour ging. Von Brömme lernen, heißt siegen lernen? Ich warte ja auch noch auf den Tag, an dem Jan Böhmermann aus dem Martin-Schulz-Kostüm klettert und den Witz endlich aufklärt. Anders ist auch das Hauptplakat der SPD kaum zu erklären. Ein Schulz, der etwas von Ideen für die Zukunft raunt, aber partout nicht sagen will, um welche Ideen es sich handelt … das kann doch nur Satire sein.

Auch die Bildplakate mit inhaltlichen Bezügen scheinen aus einer Art Parallelwelt zu stammen. Eine laute, fordernde Familienpolitik von der SPD? Nun ja. Eine Politik, die in Ideen investiert? Aber doch nicht in Zeiten der Schuldenbremse! Echte Lohngerechtigkeit und nicht »21 Prozent weniger«? Stopp, die SPD kritisiert mit diesem Plakat natürlich keine prekären Arbeitsverhältnisse, bei denen beispielsweise Leiharbeiter bei gleicher Arbeit deutlich weniger als 21 Prozent als die Stammbelegschaft bekommen. Es geht um den vermeintlichen »Gendergap« … aber warum zeigt man dann keine Frau in einem klassischen Niedriglohnberuf, der den Gendergap ausmacht? Offenbar passt es für die SPD des Jahres 2017 nicht mehr ins gewünschte Image, als Vertreterin der Interessen von Kassiererinnen oder eine Friseurinnen wahrgenommen zu werden. Schade. Warum sollen dann aber solche Menschen die SPD wählen?

Den zynischen Höhepunkt bildet jedoch ein Plakat, bei dem die SPD sich selbst als Interessenwahrerin von Armut bedrohter Rentner inszeniert. Es ist einfach nur ein Schlag ins Gesicht der Opfer, wenn die SPD nun so tut, als sei sie ernsthaft an menschenwürdigen Renten interessiert.

Unsere
Familienpolitik
ist genauso:
laut und
fordernd.
Zeit-für-mehr-Gerechtigkeit.de
SPD

Wer 100 %
leistet, darf
nicht 21 %
weniger
verdienen.
Zeit-für-mehr-Gerechtigkeit.de
SPD

Damit die
Rente nicht
klein ist, wenn
die Kinder
groß sind.
Zeit-für-mehr-Gerechtigkeit.de
SPD

In der Parallelwelt der Kampa mag dies alles ja so sein … mit der Realität haben derlei PR-Slogans aber gar nichts zu tun. Und das merken natürlich auch die Wähler. Fool me once, shame on you; fool me twice, shame on me. Und die SPD versucht ihre Wähler nun schon zum x-ten Male zu veräppeln.

Die Linke – bunt und inhaltlich fokussiert

Wie es auch anders gehen kann, zeigt die Linkspartei. Im Vergleich zu früheren Kampagnen wirken die Plakate der Linkspartei in diesem Jahr erfreulich modern und frisch. Das besondere Alleinstellungsmerkmal ist jedoch, dass die Linke nicht ihre Spitzenkandidaten mit abgelutschten, austauschbaren Nullsätzen, sondern kantige Slogans mit klaren politischen Botschaften und Forderungen abbildet. Inhaltlich heben sich die Plakate dabei kaum von den Plakaten der letzten Bundestagswahlen ab. Warum auch? Die Forderungen von damals sind auch heute noch brandaktuell. Bleibt zu hoffen, dass die moderneren Plakate auch die jüngeren Wählerschichten ansprechen.

Auffällig ist auch, dass bei der Linkspartei die Wahlslogans zum Programm passen. Suboptimal und unübersichtlich sind die vier »Personenplakate«, auf denen die beiden Spitzenkandidaten und die beiden Parteivorsitzenden abgebildet sind. Das ist dann doch ein bisschen zu viel Vielfalt und dürfte den Wähler im Zweifel eher verwirren; zumal die Bekanntheitswerte von Katja Kipping und Bernd Riexinger vor allem im Westen doch eher überschaubar sein dürften. Hätte die Linke sich auch optisch hinter die zugkräftige Spitzenkandidatin Sahra Wagenknecht gestellt, hätte dies sicher ein paar Prozent Wählerstimmen eingebracht. Chance vertan.

Die Grünen – es lebe die Beliebigkeit

Dass man – aller Inhaltslosigkeit des Wahlkampfs zum Trotz – auch über die Wahlplakate den fortlaufenden Trend zur »politischen Mitte« und zur Beliebigkeit erkennen kann, beweisen bei diesen Wahlen die Grünen. Standen bei den letzten Bundestagswahlen 2013 noch vergleichsweise linke Inhalte im Mittelpunkt der grünen Wahlkampfstrategie, beherrschen in diesem Jahr die Themen »Europa«, »Klimaschutz« und »Geschlechtergerechtigkeit« die Wahlkampagne der Grünen.

Wahlplakate 2013

Wahlplakate 2017

Man spürt dabei förmlich, dass die Grünen sich vor allem als kommender Junior-Partner der CDU in Szene setzen wollen. Angesprochen werden nicht mehr die Jungwähler und die Alternativen, sondern das linksliberale Bürgertum. Es ist jedoch fraglich, ob diese Strategie aufgehen kann, da dieses Segment nicht sonderlich groß und bereits recht gut von den Parteien erschlossen ist. Man kämpft um Wähler, die man ohnehin schon »im Sack« hat und lässt einen großen Teil der klassischen Wählerschaft ohne Not »links liegen«.

Auffällig ist auch, dass die Grünen einmal mehr ihrem Anspruch gerecht werden, die Wähler intellektuell nicht zu überfordern. Sprüche wie »Nur wer Chancen bekommt, kann Chancen nutzen.« oder »Von weniger Europa hat keiner mehr.« wirken platt und leblos. Die Fragen nach dem »Wie« und dem »Warum« hängen da förmlich in der Luft, werden von den Grünen jedoch nicht beantwortet.

Die Grünen sind übrigens die einzige Partei, die ihre Slogans durchgängig in Versalien druckt. Die Plakate schreien den Betrachter damit förmlich an. Fehlen nur noch die Ausrufezeichen … seriös geht anders. Aber was soll man auch tun, wenn man keine überzeugenden Inhalte hat?

FDP – wo gibt's denn dieses Parfum zu kaufen?

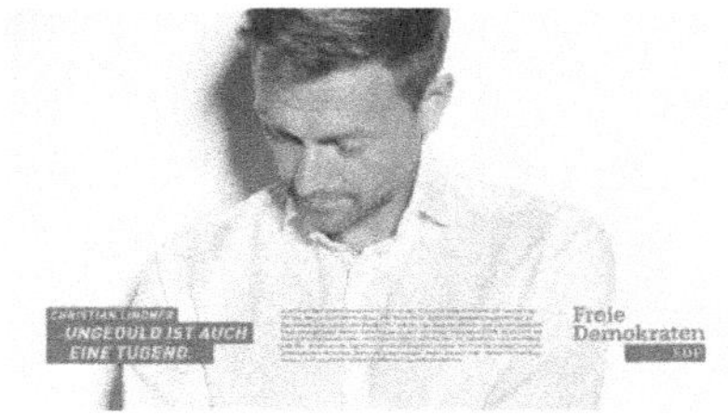

Radikal neu ist die Kampagnenstrategie der FDP. 2013 sprach man noch mit den Kandidaten Westerwelle, Rösler und Brüderle in ultraseriösem Outfit mit korrekt gebundener Krawatte und Einstecktüchlein Menschen an, die sich eine elitäre Regierung wünschen … das waren bei den letzten Bundestagswahlen bekanntlich recht wenige Wähler. Also erfand die FDP sich – zumindest wahlkampfstrategisch – neu und präsentiert sich in diesem Jahr …. zumindest nicht wie eine politische Partei. Im Mittelpunkt der Plakate steht neben vergleichsweise viel zu kleinem Text der fesch gestylte Spitzenkandidat Christian Lindner – modern, cool, sexy, mit offenem Hemdkragen, Dreitagebart und lässiger Pose. Die Fotos sind durchgängig schwarz-weiß und haben wesentlich mehr Kontrast als das Wahlprogramm der Liberalen. Was für ein Unterschied zum bräsigen Brüderle-Plakat von 2013.

FDP-Plakate 2013

FDP-Plakate 2017

Auch bei der FDP ist der Kandidat das Programm. Auffällig ist ferner, dass man offenbar großen Wert darauf legt, nicht aktiv mit den ollen neoliberalen Kamellen hausieren zu gehen. Da ist nirgends etwas von »Leistung muss sich wieder lohnen« oder »Steuern senken!« oder sonstigen Anbiederungen an das klassische FDP-Klientel zu lesen. Das ist clever und unterscheidet die FDP von den Grünen. Denn die typischen FDP-Wähler, wie die vier A's, die Anwälte, Architekten, Ärzte und Apotheker, wählen die FDP auch so und mit der neuen Fokussierung auf Digitalisierung und Bildung fischt die FDP bis tief ins linksliberale Milieu.

Was man am Ende bekommt, ist ohnehin etwas anderes als das, was auf den Plakaten steht. Da werden sich vor allem FDP-Wähler ohnehin nichts vormachen. Das ist schon recht gut durchdacht. Fraglich ist jedoch, ob die extreme Personalisierung der Kampagne aufgeht. Rein optisch wirken die Plakate so, als wolle die FDP ein neues Herrenparfum auf den Markt bringen. An sowas hat man sich im Straßenbild schon »übersehen«. Politisch nicht so fürchterlich Interessierte dürften den Polit-Beau daher wohl eher gar nicht wahrnehmen. Und politisch Interessierte fallen auf die Kampagne, den alten Wein aus hippen, neuen Schläuchen zu verkaufen, im Zweifel auch nicht herein. Dennoch muss man den beteiligten PR-Profis Lob zollen – noch nie wurde neoliberale Politik so stylish verpackt. Hoffen wir nur, dass nicht allzu viele Menschen auf die Verpackung hereinfallen.

AfD – Deutschtümelnd bis an den äußersten rechten Rand

Dass die AfD sich auch auf ihren Plakaten auf die typischen AfD-Themen Islam, Immigration und Tradition konzentriert, ist verständlich. Wer wählt die AfD schon wegen ihres neoliberalen Wirtschaftsprogramms? Dass deutsche Rechte keinen gescheiten Wahlkampf machen können, ist bekannt und auch die AfD hebt sich kaum von ihren humorbefreiten Vorgängern und Gesinnungsgenossen wie DVU, Republikaner oder NPD ab. Da ist ein maximales Fremdschämpotential garantiert.

Ein erster gewollter Aufreger ist sicher das Ferkel-Plakat, nach dem der Islam nicht zu »unserer« Küche passt. Die Vegetarier hat die AfD mit diesem Mordaufruf an Schweinchen Babe schon mal verloren und da selbst im tiefsten Brandenburg der Döner mittlerweile Nationalspeise Nummer Eins ist, kann man dieses Plakat wohl unter »Eigentor« verbuchen.

Es soll aber nicht bei diesem einen Eigentor bleiben. Ganz in der Tradition des »Maria-statt-Scharia-Humors« der NPD zeigt uns die AfD auf einem ihrer Großplakate die Rückseiten dreier

Strandschönheiten und betitelt dies mit »Burkas? Wir steh'n auf Bikinis« … nein, was haben wir gelacht. Und welche Drogen die AfD-Agentur den drei Trachten-Mädels vom »Bunte-Vielfalt«-Plakat eingeflößt hat, bleibt wohl auch ein Geheimnis der Werber. So richtig glücklich sehen die AfD-Models jedenfalls nicht aus. Hat die AfD gar rumänische Zwangs-Dirndl-Models eingesetzt? Wir werden es wohl nie erfahren.

Und ob man mit der Kopulationsaufforderung »Neue Deutsche? Machen wir selbst« rechts der Mitte Stimmen gewinnen kann, ist auch fraglich und geht am Hauptproblem typischer AfD-Wähler ohnehin vorbei – denn wie soll man ohne Frauen neue Deutsche machen?[5] Keine andere größere Partei kommt bei Frauen im gebärfähigen Alter so schlecht an wie die AfD.

Aber Spaß beiseite. Die AfD stellt auf ihren Plakaten wie in ihrer Politik viele Fragen, liefert aber keine Antworten. Woran liegt es denn, dass junge Menschen mit der Familienplanung so zögerlich sind? Sicher nicht an den Burkas oder der muslimischen Küche, sondern an prekären Arbeitsverhältnissen, schlechten Löhnen und einer zu geringen sozialen Unterstützung junger Familien. Dafür hat die AfD jedoch keine Lösungen. Stattdessen zeigt sie ihre (Noch)Parteichefin Frauke Petry mit ihrem Baby im Arm und stilisiert sie als Vorbild für ihre Geschlechtsgenossinnen. Das ist arrogant und schäbig, denn wer wie das Ehepaar Pretzell-Petry über ein ordentliches sechsstelliges Jahresgehalt verfügt, muss sich natürlich keine Gedanken über Zeitverträge, Flexibilität, Kindergartenplätze und Schichtdienste machen. Den meisten AfD-Wählern wird es nicht so gut gehen.

Wahlkampf? Fehlanzeige

Mit Ausnahme der Linken verlieren sich die Parteien auch in diesem Jahr wieder einmal in Belanglosigkeiten. Die Parteien scheuen eine inhaltliche Positionierung und vor allem die beiden sogenannten Volksparteien gehen dabei mit schlechtem Beispiel voran. Die Wahlen scheinen bereits gelaufen zu sein und da die SPD sich ja standhaft weigert, aktiv Wahlkampf zu betreiben, haben es die Werber auch nicht wirklich einfach. Wie soll man einen Boxkampf promoten, bei dem der Sieger ohnehin schon feststeht und der Herausforderer lieber in seiner Ringecke sitzen bleibt? Dann lieber doch »Zukunft ist für alle« … nur, dass sich am Wahlsonntag niemand über die voraussehbar schlechte Wahlbeteiligung aufregt.

Anmerkungen

1 Ausführlich siehe hier: http://www.statistikextern.saarland.de/wahl/internet_saar/LT_SL/landesergebnisse/
2 »Die SPD verbrennt«, SZ.de, 04.08.2017. [15.08.2016]
3 »Schulz hat, was Merkel fehlt«, SZ.de, 30.01.2017. [15.08.2017]
4 Siehe zum Beispiel diesen Wahlaufruf der Aktion für mehr Demokratie um Klaus Staeck: http://aktion-mehr-demokratie.de
5 »Jung, männlich – und enttäuscht«, faz.net, 14.03.2017. [16.08.2017]

Sozialabbau und Ausverkauf öffentlichen Eigentums – Die Politik im Griff der Wirtschaftslobbyisten

Seien es die zukünftige Privatisierung der Autobahnen, milliardenschwere Versprechungen für den Versicherungskonzern Allianz bei der Altersvorsorge, die Schaffung des größten Niedriglohnsektors in Europa und prekärer Beschäftigungsverhältnisse oder das Duckmäusertum bei den großen IT-Konzernen aus den USA: Was uns als »zukunftsfähige Entwicklung« und »effizientes Wirtschaften« verkauft wird, ist in Wahrheit nichts weiter als der komplette Ausverkauf öffentlichen Eigentums und der Rückzug des Staates von seinen Aufgaben. Die Privatisierungspläne der großen Koalition führen nicht zu einer besseren Versorgung und Kostenersparnissen, sondern werden der Mehrheit der Bürger in Deutschland langfristig teuer zu stehen kommen.

Modernisierungsverlierer? Globalisierungsverlierer? Die Politik verhöhnt ihre Opfer

1. Dezember 2016 / von Jens Berger

Angela Merkel hat ihr Herz fürs Volk entdeckt.[1] Die CDU müsse nun endlich auf Menschen zugehen, die »sich als Modernisierungsverlierer« sehen und bei »Populisten von rechts und links ihre Zuflucht suchen«, so die Kanzlerin. Dabei tritt die Uckermärkerin zielsicher in Fußstapfen, die Andere hinterlassen haben. Seit dem Brexit ist es für die westlichen Eliten beispielsweise ausgemachte Sache, dass es vor allem »Globalisierungsverlierer« sind, die nicht mehr die Vertreter der klassischen Politik wählen. Es ist schon zum verrückt werden. Da verfolgen die westlichen Eliten jahrzehntelang eine Politik der Ausgrenzung und Verarmung, die sich gegen weite Teile ihrer eigenen Bevölkerung richtet und nun verhöhnen sie ihre Opfer auch noch dadurch, dass sie sie zu »Verlierern« erklären; was übrigens faktisch noch nicht einmal zutreffend ist.

Was ist eigentlich ein Globalisierungsverlierer? Die Globalisierung ist ja keine neue Entwicklung. Schon bei den Römerinnen waren blonde Echthaarperücken aus dem fernen Germanien der Renner und da bei uns kein Pfeffer wächst, bezogen unsere Vorfahren das Gewürz schon seit Ewigkeiten aus dem fernen Indien. Mit der Weiterentwicklung des Handels wurden später auch Fertigprodukte gehandelt, die theoretisch im Herkunfts- wie im Empfängerland hergestellt werden können. Die Erkenntnisse der frühen volkswirtschaftlichen Außenhandelstheorien von Smith und Ricardo griffen streng genommen nur auf, was längst Usus war. Absolute und komparative Kostenvorteile führen dazu, dass beispielsweise Kohle in Frankreich und Kleidung in Irland produziert und in das jeweils andere Land exportiert wurden. Französische Weber und irische Kohlekumpel waren so gesehen die ersten Globalisierungsverlierer. Durch den technischen Fortschritt sollten sie nicht die einzigen bleiben. Heute werden Sie in Deutschland kaum noch Gerber und Köhler finden und auch Kleidung oder Schuhe werden hierzulande nicht mehr für den Massenmarkt produziert. Eine vollkommen normale Entwicklung, die vom Begriff »Globalisierung« nur mythisch überhöht wird.

Wann immer die Politik die »Globalisierung« ins Spiel bringt, geht es meist überhaupt nicht um die Globalisierung, sondern um hausgemachte Entscheidungen, die mit der Globalisierung gar nichts zu tun haben. Nehmen wir den Niedriglohnsektor als Beispiel. Worum es bei »Reformen« wie der Agenda 2010 ging, hatte Gerhard Schröder ja 2005 auf dem Weltwirtschaftsforum in Davos sehr gut zusammengefasst:

»Wir müssen und wir haben unseren Arbeitsmarkt liberalisiert. Wir haben einen der besten Niedriglohnsektoren aufgebaut, den es in Europa gibt«.

Wo aber sind die Jobs zu verorten, die vom Niedriglohn betroffen sind? Der Arbeiter am Band von VW ist weit vom Niedriglohn entfernt, der Laborassistent bei BASF ebenfalls – generell zahlen die Industrieunternehmen, die maßgeblich für die deutsche Exportweltmeisterschaft verantwortlich sind und im vollen internationalen Wettbewerb stehen, vergleichsweise hohe Löhne. Paradox? Nicht unbedingt, bei Lohnquoten,[2] die je nach Branche in der güterproduzierenden Industrie zwischen 5 Prozent und 15 Prozent liegen, spielen die reinen Lohnkosten nun mal keine so dramatisch hohe Rolle. Und die Vorteile des Standorts Deutschland sind ja legendär.

Wer Niedriglöhne sucht, der findet sie stattdessen im Dienstleistungsbereich: In der Alten- und Krankenpflege, im Sicherheitsgewerbe, bei den Raumpflegerinnen, im Einzelhandel und in der Gastronomie sind schlechte Löhne bekanntlich alles andere als selten. Aber die Altenpflegerin aus Wuppertal steht ja gerade eben nicht mit ihrer Kollegin aus Sofia im Wettbewerb. Der Wachmann aus Passau kann nicht durch einen kostengünstigen Ersatz aus Thailand ausgetauscht werden, die Raumpflegerin und die Kassiererin nicht nach Mexiko ausgelagert und der Kellner gegen einen effizienteren Chinesen ersetzt werden. Die niedrigen Löhne dieser Menschen haben nichts mit der Globalisierung zu tun!

Auch mit Angela Merkels »Modernisierung« haben die niedrigen Löhne nichts zu tun. Mir wäre zumindest nicht bekannt, dass unsere Altenpflegerin so wenig bekommt, weil sie sonst gegen einen Pflegeroboter eingetauscht würde oder unser Wachmann im Wettbewerb mit einem Telearbeiter aus Bangalore steht, der dank der IT-Revolution nun in Passau Streife gehen kann. Putzroboter mag es ja geben; dass eine Raumpflegerin gegen einen Roboter ausgetauscht wurde, habe ich aber noch nicht gehört und auch unser Kellner steht nun nicht eben im Verdacht, ein Opfer der Modernisierung zu sein. Leider sind unsere Medien doch bereits so denkfaul, dass sie derlei Dummheiten unkommentiert durchgehen lassen.

Und auch in anderen Bereichen sieht es so aus: Ist die Verödung der ostdeutschen Regionen eine Folge der Modernisierung? Umgekehrt wird ein Schuh draus! Dank IT und dank der Möglichkeit, über einen »Telearbeitsplatz« auch aus der brandenburgischen Pampa heraus in vielen modernen Jobs gut arbeiten zu können, haben diese Regionen wieder einen Lichtstreif am Horizont.

Die politisch gewollte Zerstörung der gesetzlichen Rente hat doch auch nichts, aber auch gar nichts, mit der Globalisierung zu tun. Oder stehen unsere Rentner jetzt schon im Wettbewerb mit alten Indern, die schon für viel weniger Geld in Rente gehen würden? Ist an der katastrophalen Bildungspolitik etwa das Internet schuld? Sind Pisa und Bologna also direkte Folgen der Modernisierung? Aber nicht doch. Ist der steigende wirtschaftliche Erfolg der Tigerstaaten in Südostasien dafür verantwortlich, dass die deutschen Landesregierungen keinen ordentlichen sozialen Wohnungsbau mehr unternehmen und die Bestände an Heuschrecken verscherbeln, die gleich erst mal die Mieten erhöhen?

Unsere zahlreichen Probleme haben viele Ursachen, unter denen ich die politische Korruption als die schwerwiegendste bezeichnen würde. Die Globalisierung oder gar die Modernisierung gehört jedoch ganz sicher nicht dazu. Insofern können es auch nicht die »Globalisierungs- oder Modernisierungsverlierer« sein, die nun auf die Straße gehen, den Medien und der Politik nichts mehr glauben und böse rechts- und linkspopulistische Parteien und Politiker wählen. Wer so etwas erzählt, ist nicht nur unehrlich, sondern zudem im höchsten Maße zynisch.

Natürlich gibt es unter diesen Menschen auch »Verlierer«. Werfen Sie doch mal einen Blick auf die Metropolen des Ruhrgebiets. Wer heute über 50 Jahre alt ist, einen klassischen Industriejob gelernt hat und in Duisburg, Gelsenkirchen oder Bochum lebt und arbeitslos wird, hat nun einmal realistisch betrachtet kaum Chancen, wieder in Lohn und Brot zu kommen und sein gewohntes Leben fortzuführen. Und das geht ja weit über die reine »Jobfrage« hinaus. Kann ich meiner Tochter dann noch das Studium finanzieren? Kriegen die Enkel jetzt keine Weihnachtsgeschenke mehr? Was wird aus dem Fußballverein, was denken die Kumpel in der Nachbarschaft; werden sie mich noch respektieren und akzeptieren? Und vor allem – was verdammt noch mal, stelle ich künftig mit dem langen Tag an? Haben wir es hier wirklich mit einem Globalisierungsverlierer zu tun? Nein! Die Globalisierung hat nichts damit zu tun. Es wäre Aufgabe der Politik, die Lebensperspektive dieses »Verlierers« zu verbessern. Das tut sie aber nicht.

Und wie sieht es mit dem Rentner aus Frankfurt/Oder aus? Seine Stadt hatte mal fast 90 000 Einwohner. 90 000 Menschen, für die eine moderne 3-Zimmer-Wohnung mit Zentralheizung »in der Platte« ein kleiner Lebenstraum war. 90 000 Menschen –spielende Kinder, junge Paare, das pralle Leben. Und heute? Bis 2020 soll jeder zweite Frankfurter die Stadt verlassen haben. Unter den heute rund 50 000 Frankfurtern sind viele Rentner. Wer jung ist und sein Leben noch aktiv in die Hand nehmen kann, zieht weg. Dorthin, wo es Jobs und Hoffnung gibt. Die einst so stolzen Plattenbauwohnungen stehen derweil leer und da mit den Jungen auch die Kinder wegzogen, ist die Stadt trist und still geworden. Ja, auch die Rentner aus Frankfurt könnte man als Verlierer der Entwicklungen der letzten zwei Jahrzehnte bezeichnen. Aber sind sie Modernisierungsverlierer? Das zu behaupten, wäre zynisch. Immer wieder gibt es Entwicklungen, die Menschen zwingen, in andere Regionen zu ziehen, ihr Glück fern der Heimat zu suchen. Aufgabe der Politik ist es, diese Entwicklungen zu begleiten und deren Folgen zu meistern. Wenn die Politik in diesem

Punkt versagt, sind doch nicht die Menschen daran schuld, die ohnehin an den Fehlern leiden?

Verlierer; das sind zum Beispiel Boxer, die ihre Deckung nicht oben halten können oder Läufer, denen die Puste ausgeht. **Die Menschen, die ihr Vertrauen in die Politik verloren haben, sind keine solchen Verlierer sondern Opfer!** Da wir es nicht mit unabwendbaren Entwicklungen zu tun haben, gibt es – selbst wenn das Wort »Täter« zu hart sein mag – Verantwortliche; Verantwortliche, die versagt haben und dabei Opfer produziert haben. Diese Opfer nun als Verlierer zu bezeichnen, die halt irgendwie zu langsam, zu unflexibel, ja zu blöde sind, um sich den modernen, globalisierten Zeiten anzupassen, ist eine Verhöhnung. Weder die Altenpflegerin, der Wachmann oder die Kassiererin sind langsam oder blöde … sie haben halt »nur« das Pech, keine starke Lobby zu haben und von der Politik verkauft worden zu sein. Auch den arbeitslosen Industriearbeiter aus dem Ruhrgebiet und den Rentner aus Frankfurt/Oder trifft keine persönliche Schuld.

Wir haben es hier wie bereits erwähnt vielmehr mit einer Form des Zynismus zu tun, die wahrlich menschenverachtend ist. In wie weit unterscheidet sich Merkel denn in diesem Punkt von einem korrupten Kleptokraten aus Afrika, der Gelder, die für einen Dammbau bestimmt waren, veruntreut hat und nun die Flutopfer tränenreich als Verlierer des Klimawandels beweint?

So unterscheiden sich dann wohl die Lesarten. Vielleicht werden Sie sich jetzt zusammen mit mir über derlei zynische Äußerungen aufregen? In der Sprachregelung der Eliten sind Sie dann jedoch auch nur ein Modernisierungsverlierer, der in einem linkspopulistischen Blog postfaktische Verschwörungstheorien liest. Willkommen im Klub!

Das Daten-Kartell – Warum fordert niemand eine Vergesellschaftung der Daten?

3. Januar 2017/von Jens Berger

Wir sind Zeitzeugen einer Bildung von sagenhaften Monopolen in nahezu allen softwarebasierten Zukunftstechnologien. Egal ob es um Computer- oder Smartphone-Betriebssysteme, Suchmaschinen, Soziale Netzwerke oder sogar ganz generell um Daten, den Zugriff auf Daten und die kommende Entwicklung künstlicher Intelligenz geht – sechs gigantische Konzerne haben die Welt von Big Data fein säuberlich untereinander aufgeteilt: Google, Amazon, Facebook, Microsoft, Apple und IBM. Daten sind das Öl des 21. Jahrhunderts, so will es eine Metapher. Der IT-Vordenker Evgeny Morozov vergleicht die heutige Situation bei Big Data mit fünf, sechs Banken, denen die gesamte Landmasse der Welt gehört und denen wir immer dann eine Gebühr bezahlen müssen, wenn unser Fuß die Erde berührt. Der politischen Linken empfiehlt Morozov daher einen »Datenpopulismus« und liegt damit goldrichtig. Es ist ohnehin erstaunlich, dass dieses eminent wichtige Thema in der politischen Debatte derart stiefmütterlich behandelt wird.

Google – Datenkrake und angehender Werbemonopolist im Netz

Bei den Suchmaschinen hat Google weltweit einen Marktanteil von rund 92 Prozent. Und dies mit mal mehr mal weniger Abstrichen weltweit. Lediglich in China, Südkorea und Russland haben mit Baidu, Naver und Yandex lokale Rivalen die Nase vorn. In Deutschland und dem Rest der EU ist Google übrigens nahezu konkurrenzlos. **94 Prozent aller Deutschen suchen im Netz mit Google. Und das ist ein richtiges Problem. Was Google nicht oder schlecht listet, existiert im Netz streng genommen nicht.** Google ist damit der uneingeschränkte Türsteher zum Internet. Wie der Algorithmus von Google genau funktioniert, ist einzig und allein Sache des Giganten aus Mountain View, Kalifornien, dessen Geschäfte in der Dachgesellschaft Alphabet Inc. gebündelt sind, die einen Börsenwert von 484 Milliarden US-Dollar hat – rund fünfmal so viel wie der Chemieriese Bayer.

Um vor der Allmacht dieses Konzerns zu warnen, ist ein Blick auf die Suchmaschinenfunktion jedoch unter Umständen sogar eine unnötige Verharmlosung. Googles wichtige Aktiva sind nicht die Suchanfragen, sondern die Daten der Suchenden! Über Ihre Suchanfragen, Ihr Surfverhalten und vieles andere mehr – wie zum Beispiel Bild- und Gesichtserkennung über die gelisteten Fotos, Rohdaten aus Google Maps und Street View, Bewegungsprofile, um nur ein paar Punkte zu nennen – sind Sie für Google ein gläserner Datensatz. Das momentane Geschäftsmodell von Google ist es, nicht nur personalisierte, sondern sogar interessenspezifische Werbung einzublenden. Wer sich im Netz beispielsweise häufig über Norwegen informiert, ist natürlich genau der richtige Werbekunde für Anzeigen für Direktflüge nach Oslo oder Ferienhäuser am Sognefjord. Wie gut diese interessenspezifische Werbung funktioniert, sieht man auf der Suchmaschine von Google, bei der bezahlte Anzeigen recht präzise zu den verwendeten Suchbegriffen eingeblendet werden.

Google ist jedoch viel mehr als eine Suchmaschine. Der Konzern ist auch der weltweit größte Anbieter von Werbeflächen, die auf herkömmlichen Internetseiten angezeigt werden. Rund 70 Milliarden US-Dollar kassierte das Unternehmen im letzten Jahr für seine Werbeflächen und ist damit drauf und dran, auch abseits der reinen Suchmaschinenergebnisse in Richtung Monopol zu steuern.

Und da sind wir dann schnell bei Morozovs »Gebühr dafür, den Fuß auf die Erde setzen zu dürfen«. Es sind ja nicht die Anbieter, die die Werbekosten zahlen, sondern die Kunden der beworbenen Produkte. Bei fast jedem Einkauf zahlen wir daher schon heute unsere »Google-Abgabe«, also den Anteil des Preises, der über die Marketing- und Werbekosten an Google geflossen ist. Und dies ist erst der Anfang. Wer künftig online werben will, der wird dies nicht mehr ohne Googles Datenpool tun können. Wer will schon einem überzeugten Kroatien-Urlauber Werbung für Ferienhäuser am Nordkap zeigen? Der Geist ist aus der Flasche und auch interessenspezifische Werbung ist nur der Anfang.

Facebook – der Netzwerkmonopolist auf dem Weg zur dunklen Seite

Der zweite Gigant im Bunde ist Facebook, der Moloch unter den Sozialen Netzwerken, der durch den Zukauf von WhatsApp auch bei den Messenger-Diensten mit einem Marktanteil von über 80 Prozent ein De-Facto-Monopol hat. Auch Facebook verdient sein Geld (rund zwei Milliarden US-Dollar Gewinn pro Jahr) momentan »noch« mit personalisierter, interessenspezifischer Werbung. Auch bei Facebook sind die Daten jedoch der eigentliche Schatz – und zwar nicht nur ökonomisch, sondern auch politisch. Netzwerke wie Facebook haben zudem ein sehr großes Manipulationspotential. Auch wir von den NachDenkSeiten hatten und haben mit den Algorithmen von Facebook auch immer wieder unsere Probleme – auch wenn wir »noch« davon ausgehen müssen, dass diese Probleme vor allem schlampig programmierten Algorithmen geschuldet sind, ist dies nur ein Vorgeschmack, was uns schon bald drohen könnte. Vor allem die deutsche Politik ist samt ihrer unsäglichen »Fake-News-Kampagne« ganz angetan davon, die Sozialen Netzwerke dazu zu bringen, ihre Mitglieder noch stärker zu zensieren.

Schauen wir doch mal in die Kristallglaskugel: Wer entscheidet denn künftig, was echte und was falsche Nachrichten sind? Wer entscheidet, welche Meinungen von der Meinungsfreiheit gedeckt sind und was gegen die »Nutzungsbedingungen« verstößt? Wer löscht »Fake-News« und grenzwertige Meinungsäußerungen auf Facebook? Ein dem Innenministerium unterstelltes »Abwehrzentrum gegen Falschmeldungen« aka »Wahrheitsministerium«?

Ich persönlich halte das für eher unwahrscheinlich, da dem Staat selbst hierbei über das Grundgesetz immer noch zu hohe Hürden gesetzt sind. Wahrscheinlicher ist da schon eine verstärkte Zensur durch die Community selbst. Und dass so was generell nicht funktioniert und sich in derlei Strukturen gerne Systeme herausbilden, die mit Meinungspluralität gar nichts zu tun haben, zeigt die Wikipedia mit ihrer »dunklen Seite« ja vortrefflich. Es ist schon erstaunlich. Da sollen juristisch ungeschulte »Moderatoren«, egal ob es sich jetzt um die bereits vorhandene Truppe der Bertelsmann-Tochter Arvato oder um künftige »Lösungen« handelt, entscheiden, was unter die grundgesetzlich geschützte Meinungsfreiheit fällt? Ist dies denn nicht eine Aufgabe für Juristen? Warum macht man Facebook nicht die Auflage, ein Prüfungszentrum in Deutschland zu finanzieren, das vom Staat betrieben wird und in dem examinierte Juristen ihren Dienst tun und ihre Entscheidungen transparent den Nutzern offenlegen? Offenbar scheuen die Zensoren aber das Licht und wählen lieber das Dunkel.

Wenn nun aber »die Sozialen Medien«, was ja de facto nur Facebook und der Kurznachrichtendienst Twitter sind, ihre Algorithmen nicht nur aus rein technischen und kommerziellen Erwägungen programmieren, sondern freiwillig oder auf Anweisung eines Staates inhaltlich filtern oder gar zensieren, ist dies eine sehr gefährliche Entwicklung. Schon heute informieren sich vor allem in den jüngeren Generationen mehr Menschen über die Sozialen Netzwerke als über das Fernsehen oder gedruckte Zeitungen und Zeitschriften. Alle – natürlich inhaltlich nach wie vor vollkommen richtigen – Beschwerden über die Einseitigkeit der klassischen Medien würden von einer schärferen Filterung oder Zensur der Sozialen Netzwerke mühelos in den Schatten gestellt. Und es reicht bereits, dass diese Gefahr sich in Form eines Unwetters bereits am Horizont abzeichnet. Noch ist es Fünf vor Zwölf, aber die Uhr tickt unerbittlich. Facebook verfügt an den Börsen übrigens über einen

Wert von 330 Milliarden US-Dollar, rund 100 Milliarden US-Dollar mehr als Nestlé, der mit Abstand größte Lebensmittelkonzern der Welt.

Microsoft, Apple und Google – wer das Betriebssystem stellt, bestimmt die Regeln

Daten sind etwas sehr Abstraktes. Greifbarer wird es für viele nicht so fürchterlich technikaffine Menschen dann, wenn es um die direkte Schnittstelle zu den Daten geht – dem Betriebssystem. Hier erreichen die Windows-Produkte aus dem Hause Microsoft einen Marktanteil von fast 90 Prozent. Den Rest teilen sich das ebenfalls nicht unproblematische MacOS X und die diversen Linux-Distributionen. Anders sieht es in der Wachstumsbranche der Betriebssysteme für Smartphones und Tablets aus. Hier hat wiederum Google mit seinem Produkt »Android« fast 90 Prozent Marktanteil, dahinter kommt Apple mit seinem iOS und dann kommt erst mal gar nichts mehr. Vor allem bei Mobilgeräten kassieren die Hersteller der Betriebssysteme an einer Stelle, die viele Nutzer so gar nicht erwarten. Bei jedem Software- und den meisten Medieneinkäufen kassieren Google und Apple mit. Wer seine Software über den Google-Store und seine Musik und Filme über iTunes kauft, bezahlt automatisch eine 30-prozentige Vermittlerabgabe an Google und Apple. Google und Apple verhindern zudem, dass man Software über andere Vertriebswege einkaufen kann. Auch hier sind wir von Morozovs »Schrittgebühr« nicht mehr weit entfernt, zumal Microsoft aus Googles und Apples Geschäftsgebaren offenbar lernt, die Verwaltung (inkl. Zwangsupdates) ebenfalls bereits zentralisiert hat und externe Software am liebsten auch nur noch über den eigenen Microsoft Store vertreiben würde. Apple ist an der Börse übrigens 590 Milliarden US-Dollar, Microsoft 482 Milliarden US-Dollar wert. Als Vergleich – VW, immerhin zweitgrößter Automobilbauer der Welt bringt es auf 70 Milliarden Euro, die Deutsche Bank gerade eben noch auf 24,2 Milliarden Euro.

Amazon – weit mehr als ein »Buchhändler«

Was glauben Sie, mit was Amazon eigentlich sein Geld verdient? Mit Büchern? Ach was. Als Handelsplattform? Schon eher. Das meiste Geld verdient Amazon jedoch mit seinen »Web Services«, den Online-Diensten, die man wohl am besten mit »Cloud-Computing« zusammenfassen könnte. Anfangs stellte man bei Amazon schlicht fest, dass man mehr Rechenpower und Speicherplatz vorrätig hat, als man selbst braucht. Heute ist die Vermietung und vor allem der Betrieb dieser neudeutsch als »Cloud« bezeichneten externen Rechen- und Datenspeicher ein profitables Kerngeschäft von Amazon. Rund um den Globus verteilt arbeiten in hunderten Rechenzentren rund 1,4 Millionen Server (Stand 2014) für Amazon und generierten im letzten Quartal rund 2,4 Milliarden US-Dollar Umsatz bei einem seit Jahren anhaltenden Umsatzwachstum von stabil über 50 Prozent pro Jahr. Neben Amazon sind vor allem Microsoft (Azure, Office 365), IBM und Google hier gut und profitabel im Rennen. Die drei Amazon-Konkurrenten können für Ihr »Cloud-Geschäft« sogar jährliche Zuwachsraten von 93 Prozent vermelden. Warum so viele Privatpersonen und noch mehr Unternehmen der »Magie der Cloud« verfallen, ist dabei nicht wirklich verständlich. Sicher – momentan gibt es die Dienstleistungen oft noch geschenkt und dort wo Geld verlangt wird, sind die Preise meist akzeptabel; vor allem dann, wenn man sie betriebswirtschaftlich mit eigenen Alternativen vergleicht. Doch auf diese Art und Weise werden die Kunden natürlich auch abhängig gemacht. Ist das gesamte Unternehmen erst mal »in die Cloud« integriert, ist es nämlich sehr aufwändig und vor allem sehr teuer, die Wolke wieder zu verlassen oder zu einem anderen Anbieter zu wechseln.

Dass die »großen Vier« im Cloud-Computing rund 60 Prozent Marktanteil haben, ist ein Problem. Noch problematischer wird es jedoch, wenn man sich vor Augen hält, wer da unsere Daten speichert. Amazon ist selbst ein ausgewiesener

Datenhändler. Microsoft ist Amazon in diesem Punkt dicht auf den Fersen und über Google muss an dieser Stelle wohl kein Wort mehr verloren werden. Das vermeintlich preiswerte Outsourcing in eine Cloud sorgt so indirekt auch dafür, dass die Daten-Mining-Giganten den eigentlichen Kern ihres Geschäftsmodells nicht nur frei Haus bekommen, sondern dafür auch noch ordentlich bezahlt werden. Von wem? Natürlich von uns, dem Endkunden, der letzten Endes die IT-Kosten der Cloud-Kunden über den Preis mitbezahlt. Wie war das noch mal mit Morozovs »Schrittgebühr«? IBM ist übrigens 158 Milliarden US-Dollar wert, Amazon kommt auf 353 Milliarden US-Dollar.

Das Ende der Fahnenstange ist noch lange nicht erreicht

Und es wird in Zukunft noch dramatischer, da die Cloud-Giganten bereits an sehr ausgetüftelten Anwendungen zur Künstlichen Intelligenz (zum Beispiel Gesichtserkennung, Mustererkennung) arbeiten und ihr größtes Plus die Datensätze sind, über die sie bereits verfügen. Wenn Künstliche Intelligenz personalisierbar ist und über Ihre Daten Rückschlüsse auf Ihr Verhalten, Ihre Gedanken und künftigen Entscheidungen und Taten möglich sind, erschließt sich für die Konzerne eine ganz neue, so noch nie dagewesene Goldgrube; für Sie selbst könnte dies jedoch die wahrgewordene Hölle sein. Aber auch gänzlich unpathetisch lässt sich feststellen, dass Sie für diese Dienstleistungen direkt oder indirekt zur Kasse gebeten werden.

Die sechs in diesem Artikel genannten Unternehmen kommen auf einen Gesamtwert von 2400 Milliarden US-Dollar. Das ist mehr als doppelt so viel wie die Crème de la Crème der deutschen Wirtschaft, die 30 Dax-Unternehmen, zusammen wert sind. Aber selbst das ist schon fast eine Nebensächlichkeit, wenn man sich die unglaubliche Macht dieser Konzerne vor Augen hält. Jeder Einzelne ist entweder alleine auf seinem Gebiet (Google bei Suchmaschinen und Smartphone-OS, Facebook bei den Sozialen Netzen und den Messengers, Microsoft bei den Desktop-OS und Amazon im Cloud-Computing) oder in Kombination mit einigen wenigen Konkurrenten ein Monopolist. Zusammen bilden diese Konzerne ein Kartell. Ein Datenkartell, das die Macht hat, uns in der Zukunft nach seinem eigenen Geschmack auszuleuchten, auszuhorchen, auszunehmen und schlussendlich sogar unsere Meinung über Filter und Algorithmen zu beeinflussen.

Das Kartellproblem ist auch ein geopolitisches Problem

Hierbei geht es nicht um oberflächliche Kapitalismuskritik, sondern um den Kern unserer wirtschaftlichen Zukunft. Auch geopolitisch ist diese Frage nicht eben undelikat. Was denkt sich beispielsweise die EU dabei, die wichtigste Kerntechnologie und politisch ungemein relevante Algorithmen in die Hände von sechs Unternehmen zu geben, die allesamt ihren Sitz an der amerikanischen Westküste haben und bei denen kein einziger Europäer in die Entscheidungsprozesse eingebunden ist und kein Europäer Zugriff auf wichtige und strategische Informationen hat? Man muss sicher kein Antiamerikaner sein, um hier ein grundlegendes Problem zu sehen.

Tabak, Öl, Eisenbahn … vor allem die USA haben eine sehr lebhafte Geschichte, wenn es um die Zerschlagung von Kartellen geht. Beim Daten-Kartell ist dies jedoch nicht so einfach und auch nicht sinnvoll, da es hierbei im Kern ja nicht um den Wettbewerb oder um den Zugang zum Markt geht. Daten sind keine Schienen oder Pipelines, sie sind immateriell und flüchtig. Die Büchse der Pandora ist geöffnet und lässt sich ohne weiteres auch nicht mehr schließen. Auf nationaler Ebene ist da ohnehin nicht viel zu erreichen. Am beschriebenen geopolitischen Dilemma würde sich auch nichts ändern, wenn künftig anstatt sechs, sechzig Konzerne von der amerikanischen Westküste die Daten der gesamten Welt ausbeuten und sich diesen Dienst von der ganzen Welt fürstlich bezahlen lassen.

Wir bräuchten eine internationale Daten-Überwachungsagentur

Was wir bräuchten, wäre eine globale Vergesellschaftung dieser Zukunftstechnoligen. Eine Daten-UNO, wie es sie ja in der frühen Internetzeit in Form des ICANN sogar im Kern schon gab. Sicher, das mag sich nun ein wenig naiv, ja weltfremd anhören. Aber ist es das wirklich? Betroffen sind wir alle ohne Ausnahme. Der indische Stahlarbeiter wird genauso von Google vermessen, wie der deutsche Arzt oder der argentinische Bauunternehmer. Vor allem: Es sind unsere Daten, auch wenn wir ständig Nutzungsbedingungen wegklicken und das Kleingedruckte in Datenschutzerklärungen überlesen. Wir sind es auch, mit denen diese Geschäfte gemacht werden. Wir bezahlen direkt oder indirekt für die Werbung und Produkte, die auf Basis unserer Daten an Dritte verkauft werden.

Google und Co. müssten dafür noch nicht einmal zerschlagen werden. **Was wir bräuchten, wäre eine internationale Daten-Überwachungsagentur, die Einblick in die Algorithmen bekommt** und der – hier wird es besonders pikant – die Überschüsse aus dem Geschäft mit den Daten zustehen. Denn hier schließt sich der Kreis: Wenn eine »Schrittgebühr« schon unabwendbar ist, dann sollte sie doch zumindest, wie jede andere Steuer auch, der Allgemeinheit zu Gute kommen. Dies ist auch deshalb notwendig, da die genannten Konzerne sich momentan ja durch zahlreiche Steuertricks nahezu komplett der Besteuerung entziehen.

Wenn die Allgemeinheit die Kontrolle über die Software mit all ihren düsteren Algorithmen und die finanziellen Einkünfte aus dieser Software hat, können wir optimistischer in die Datenzukunft blicken. **Fest steht, dass so viel politische und so viel finanzielle Macht nicht in den Händen so weniger Großkonzerne verbleiben darf.** Dass die USA an einer solchen Lösung kein Interesse haben können, liegt auf der Hand. Dies erklärt wohl die Passivität der europäischen Eliten in dieser Frage.

Und da sonst kaum wer – außer vielleicht die in Vergessenheit geratenen Piraten – derlei Themen auf der politischen Agenda hat, sollte sich die politische Linke diese Ziele auf ihre Fahnen schreiben. Es heißt ja immer wieder – natürlich zu Unrecht -, dass die Linke vor allem deshalb bei den jüngeren Generationen nicht mehr punkten kann, weil die politischen Themen der Linken einer teils entpolitisierten Jugend nicht mehr so einfach zu vermitteln sind. Das Thema »Datenpopulismus« liegt jedoch auf der Straße. Die Linke muss sich nur bücken und das Thema aufnehmen. Auf geht's, willkommen im neuen Jahr mit neuen Themen.

Bis zu 30 Milliarden Euro Schaden für den Steuerzahler – warum berichtet eigentlich niemand mehr über die HSH Nordbank?

4. Januar 2017 / von Jens Berger

Das neue Jahr ist gerade erst ein paar Tage alt und Deutschland debattiert angeregt darüber, ob es rassistisch ist, wenn die Polizei bestimmte interne Kürzel für Nordafrikaner benutzt. Haben wir wirklich keine anderen Probleme? Doch, nur dass die meisten dieser Probleme von den Medien totgeschwiegen werden. Nehmen wir doch mal die Finanz- und Bankenkrise als Beispiel. Wann haben Sie das letzte Mal etwas von der HSH Nordbank gehört? Während viele klassische Medien PR-Meldungen der Bank weitergeben, die hart an der Grenze zur vorsätzlichen Falschmeldung sind. Dabei hat die HSH Nordbank doch erst vor wenigen Tagen öffentlich eingestanden, dass sie nun doch die gesamte Garantie der Länder Hamburg und Schleswig-Holstein in Höhe von 10 Milliarden Euro benötigen wird, was jedoch immer noch nicht das Ende der Fahnenstange sein wird. Dabei wird klar, dass sowohl der Bankvorstand als auch die beiden beteiligten Landesregierungen die Öffentlichkeit vorsätzlich täuschen und fleißig ihr Milliardengrab schaufeln. Warum ist dies keine Schlagzeile wert?

Fassen wir die Vorgeschichte zur HSH Nordbank kurz zusammen: Die ehemaligen Landesväter Peter Harry Carstensen und Ole von Beust (beide CDU) waren vor der Finanzkrise von der Idee beseelt, ihre gemeinsame Landesbank zu einem Global Player im Finanzcasino zu machen. Um die landeseigene Bank profitabel an die Börse zu bringen, trimmten sie sie auf volles Risiko und sorgten damit für einen der unglaublichsten Finanzskandale der jüngeren Zeit. Als die Bank 2009 in der Bugwelle der Finanzkrise Leck schlug, hatte sie ein Schifffahrtsfinanzierungsportfolio in Höhe von rund 33 Mrd. Euro in ihren Büchern, das sich mit dem Beginn der Krise in der Handelsschifffahrt als problematisch herausstellte. Damals gingen die Banker von einer Ausfallquote in Höhe von einem Prozent aus – also von 330 Millionen Euro. Gestützt auf externe Expertisen schätzte ich damals die Ausfallquote eher auf 20 Prozent, was rund 6,6 Milliarden Euro Abschreibungen mit sich bringen würde. Heute stellt sich heraus, dass meine Prognose von der Realität sogar noch deutlich überholt wurde. Hinzu kamen krumme Geschäfte hart am Rand der Legalität, wie zum Beispiel der Omega-55-Deal, bei dem man durch dubiose Bilanzmanipulationen die Finanzaufsicht täuschte.

Bereits im Krisenjahr 2009 mussten Hamburg und Schleswig-Holstein drei Milliarden Euro direkt in die Bank stecken und Risiken im Wert von zehn Milliarden Euro durch eine Garantie abdecken. Seitdem werden gute und faule Kredite restrukturiert und zwischen der HSH Nordbank und ihrer Bad Bank HSH Finanzfonds AÖR hin und her geschoben. Zudem liegt man noch im Clinch mit der EU-Kommission, da man in Brüssel die milliardenschweren Zuschüsse aus dem Staatshaushalt natürlich als verbotene Subventionen einstuft.

Während nahezu alle ernstzunehmenden Experten 2009 von geschätzten Verlusten in Höhe von mindestens zehn Milliarden Euro ausgingen, streute der ehemalige HSH-Chef Dirk Jens Nonnenmacher der Öffentlichkeit fleißig Sand in die Augen: Eine Inanspruchnahme der damals zur Verfügung gestellten Ländergarantie in Höhe von 10 Milliarden Euro sei »nicht überwiegend wahrscheinlich«, wobei man angesichts der seltsamen Formulierung schon damals die Ohren hätte spitzen sollen. Fatal war, dass die Politik nicht den externen Experten traute, sondern den HSH-Bankern und ihren Aufsehern, Finanzpolitikern aus der Region, die mit derlei Finanzvoodoo komplett überfordert waren.

Von Anfang an log man sich selbst in die Tasche, täuschte die Öffentlichkeit und ein Großteil der Medien machte diese Scharade mit. Eine löbliche Ausnahme bildete dabei die bis 2014 für den NDR tätige Finanzjournalistin Dani Parthum, die heute über die deutschen »Bad Banks« bloggt[3] und der ehemalige Manager und Wirtschaftsminister Schleswig-Holsteins, Werner Marnette, der 2009 sein Amt aus Protest gegen den inkompetenten Umgang der Landesregierung mit der HSH Nordbank kündigte. Und was kam in der Öffentlichkeit an? Schauen wir doch zunächst mal in die Pressemitteilungen:

- *23.03.2012: HSH Nordbank schafft Neuanfang in schwierigem Marktumfeld*
- *11.04.2013: Ausbau des Neugeschäfts bestätigt positiven Trend der HSH Nordbank. Bank für Unternehmer kommt in schwierigem Umfeld gut voran*
- *10.04.2014: Operative Fortschritte in der Kernbank – Garantie stärkt Kapitalquoten. Neugeschäft legt um 12 Prozent zu auf 7,6 Mrd. Euro*
- *01.04.2015: HSH Nordbank mit Jahresgewinn 2014 – starkes Neugeschäft und Kostendisziplin. Gewinn nach Steuern 160 Mio. Euro*
- *09.06.2016: HSH Nordbank steigert 2015 Gewinn – EU-Entscheidung prägt Zahlenwerk*
- *30.06.2016 HSH baut Altkredite in Milliardenhöhe ab – Währungssensitivität sinkt*
- *09.12.2016 HSH rüstet sich für Eigentümerwechsel – Nettogewinn 163 Mio. € nach neun Monaten*

Was für eine erfolgreiche Bank, nicht wahr? Werner Marnette hat einmal durchgerechnet, wie hoch der Gewinn der HSH Nordbank denn gewesen sein muss, wenn all die vermeldeten Zahlen wirklich korrekt sind und im Kleingedruckten nicht das Gegenteil steht. Er kommt dabei auf einen Reingewinn von rund zwei Milliarden Euro, den die Bank kumuliert seit 2011 hätte einfahren müssen. **In der realen Welt hat die Bank im gleichen Zeitraum jedoch einen Fehlbetrag von 5,23 Milliarden Euro erzielt.** Wie passt das zu den Pressemeldungen und warum muss die Bank jetzt eingestehen, dass sie die Garantien in Höhe von 10 Milliarden Euro wohl doch in voller Höhe benötigt, wenn sie doch so tolle Zahlen vorweisen kann, Altkredite abbaut und sogar Nettogewinne einfährt? Ganz einfach: Die Bank manipuliert ihre Zahlen genau so wie in alten Tagen. Faule Kredite werden taktisch falsch bewertet und die Garantien und Sicherheiten der öffentlichen Hand paradoxerweise als Risikovorsorge gebucht und drehen damit das Ergebnis ins Positive. Politik und Medien wissen dies freilich, spielen aber nur allzu oft bei der Täuschung mit.

HSH Nordbank macht 163 Mio. Euro Gewinn

City – Deutlicher Gewinn bei der HSH Nordbank. In den ersten neun Monaten des Jahres machte die krisengeschüttelte Bank einen Gewinn von 163 Millionen Euro. Im gleichen Zeitraum 2015 waren es nur 24 Millionen. Obwohl die Schiffsmärkte weiter schwierig sind, rechnet die HSH mit schwarzen Zahlen fürs Gesamtjahr. Bis 2018 soll die Bank aufgrund von EU-Vorgaben verkauft werden.

Ausriss *Bild* Hamburg vom 10.12.2016.

Man wusste bereits 2009, dass die Verluste der HSH Nordbank für die beiden beteiligten Länder noch eine gewaltige Belastung für den Staatshaushalt mit sich bringen werden. Dennoch machte man gute Miene zum bösen Spiel und verharmloste die Gefahren in unzulässiger Art und Weise. Es scheint so, als wollten sich die Regierungen stets nur über den nächsten Wahltermin hangeln und die Altlasten an ihre Nachfolger übergeben. Und zumindest das hat ja geklappt. Aus von Beusts Problem wurde Scholz' Problem, aus Carstensens Leiche im Keller, Albigs Leiche im Keller. Zumindest für Letzteren könnte der Plan ebenfalls aufgehen, da im Mai in Schleswig-Holstein Wahlen anstehen und ein Regierungswechsel nicht unwahrscheinlich scheint. Und Scholz wird ja immer wieder als neuer Mann für Berlin ins Spiel gebracht. Unwahrscheinlich also, dass er die schlechten Nachrichten zur HSH persönlich verkünden muss. Nach uns die Sintflut.

Und die Kosten bleiben ja ohnehin beim Steuerzahler hängen. Realistische Prognosen gehen mittlerweile von »mindestens 25 Milliarden Euro« (Werner Marnette) bis 32,4 Milliarden Euro (Überschlagsrechnung basierend auf der Verlustprognose von Peter Nippel, Uni Kiel) aus. Bis zu 30 Milliarden Euro Neuverschuldung für die beiden Länder wären damit ein denkbares Szenario. Rechnen wir das doch mal durch: Hamburg hat 1,8 Millionen, Schleswig-Holstein 2,9 Millionen Einwohner. **Macht 8 108 Euro Neuverschuldung pro Einwohner.** Ist das kein Grund, auf die Barrikaden zu gehen? Zumindest für die Medien offenbar nicht, die regen sich lieber über »Nafris« auf und wenn sonst nichts ist, kann man ja immer noch Schauermärchen vom Russen erzählen, der mal wieder vor der Tür steht. Mal schauen, welche Sau als nächstes durchs Dorf getrieben wird. Banker und GroKo-Politiker gehören sicher nicht dazu.

DGB-Rentenkampagnenbeschluss – Eine wirkliche Enttäuschung. Unterstützung für Nahles, die Arbeitgeberseite und die Versicherungswirtschaft

8. März 2017/von Albrecht Müller

Aus DGB-Kreisen erhielten wir den Beschluss des Bundesvorstandes des DGB zur Rentenkampagne von Ende Februar. Der Beschluss enttäuscht rundum.[4]

Die Kernpunkte werden vom DGB so zusammengefasst:

- Ohne gesetzlichen Eingriff sinkt das Rentenniveau von heute 48 Prozent bis 2045 auf unter 42 Prozent. Der DGB fordert eine Stabilisierung des Rentenniveaus auf dem heutigen Stand von 48 Prozent und im weiteren Schritt die Anhebung, etwa auf 50 Prozent.
- Die individuelle Versorgung soll durch eine tarifvertraglich vereinbarte und vom Arbeitgeber mitfinanzierte Betriebsrente zusätzlich verbessert werden.
- Wir wollen den Solidarausgleich stärken. Dazu gehört auch die Rente wegen Erwerbsminderung zu verbessern, indem wir die Abschläge von regelmäßig knapp 11 Prozent abschaffen.
- Dies ist erreichbar über eine Stärkung der Basis an Beitragszahlern inkl. Ausweitung des Schutzes der Rentenversicherung auf Selbstständige, mehr Steuermittel und einem voraussichtlichen Beitragssatz in den 2040er Jahren von bis zu 25 Prozent
- Notwendigerweise muss dieses begleitet werden von entsprechenden Maßnahmen am Arbeitsmarkt und in der Wirtschaftspolitik und der Wiederherstellung der Beitragsparität in der gesetzlichen Krankenversicherung.

So weit, so unbefriedigend!

Denn: das ist fast eins zu eins das vorliegende, nicht akzeptable Konzept der Bundesministerin für Arbeit und Soziales, Andrea

Nahles.[5] Lediglich verziert mit ein wenig »Kosmetik« bei der (höheren) Forderung nach dem künftigen Rentenniveau und der Forderung, die Abschläge bei den Erwerbsminderungsrentnern abzuschaffen. Der Gesetzentwurf des BMAS sieht hier nur eine höhere Zurechnungszeit vor.[6] Von abschlagsfreien Erwerbsminderungsrenten ist dort nichts zu lesen.

Der DGB nennt seine Ideen zur Rentenpolitik »zukunftsgerichtet«. Die vom DGB beschriebene Zukunft kann in groben Zügen so zusammengefasst werden:

- Das Drei-Säulen-Modell ist (angeblich) nicht gescheitert. Im Gegenteil: es wird mit stärkerer Förderung der Riesterrente und der Stärkung der Betriebsrenten noch weiter ausgebaut. Ganz nebenbei wird zwar die Stärkung der ersten Säule, der gesetzlichen Rentenversicherung, auch gefordert. Das ist aber unehrlich, denn eine Anhebung auf 50 Prozent reicht bei Weitem nicht aus, die durch die von der Regierung Schröder erfolgten massiven Einschnitte auch nur annähernd wieder auszugleichen. Außerdem wird durch die nachgelagerte Rentenbesteuerung vieles davon wieder »aufgefressen«.
- Die Riester-Rente, in jüngster Zeit von vielen zu Recht für gescheitert erklärt, soll laut Gesetzentwurf des BMAS weiter gefördert werden. Einen Aufschrei des DGB gegen diese unsinnige und lediglich weiter die private Versicherungswirtschaft stützende Maßnahme sucht man vergebens.
- Die betriebliche Altersversorgung, die dann ihren Namen verdienen würde, wenn sich die Arbeitgeber zwingend daran beteiligen müssten, ist ein Modell, das ebenfalls der privaten Versicherungswirtschaft zusätzliche Einnahmequellen verschafft. Gleichzeitig wird durch die Beitragsfreiheit der Beiträge aus Entgeltumwandlung die Rente des Arbeitnehmers geringer und der Arbeitgeber kann seinerseits Abgaben sparen. Zwei Beteiligte gewinnen, Einer verliert.

Der DGB blendet offensichtlich die Lebenswirklichkeit vieler Versicherter und Rentnerinnen und Rentner aus. Oder wie ist es sonst zu verstehen, dass die Weiterführung der Riester-Rente mit noch mehr staatlichen Zuschüssen nicht kritisiert wird? Wie ist es sonst zu verstehen, dass das Betriebsrentenstärkungsgesetz mit der Entgeltumwandlung als Kernelement und sehr »übersichtlicher«, aber dennoch steuerbegünstigter Arbeitgeberbeteiligung nicht kritisiert wird? Auf die Fallstricke der geplanten Regelungen haben wir auf den NachDenkSeiten schon hingewiesen.[7] Der DGB nennt das »vom Arbeitgeber mitfinanzierte Betriebsrenten«. Das ist ein netter, aber durchsichtiger Beschönigungsversuch. Weshalb wird kein Rentenniveau jenseits der 50 Prozent gefordert?

Auf Seite neun des DGB-Konzepts angelangt, fragt sich der einigermaßen kundige Leser, ob es sich vielleicht um Satire handeln könnte. Dort wird doch tatsächlich eine Prognos-Studie als Zeugin bemüht:

»Die Modellrechnungen von PROGNOS sind in unserem Sinne also nicht schön gerechnet, sondern folgen einem eher neo-klassischen inspirierten Wirtschaftsmodell. Insoweit können wir die Ergebnisse nach Außen durchaus als entsprechend solide vertreten. Zumal PROGNOS auch von GDV, INSM u.a. beauftragt wird, die Ergebnisse also nicht angreifbar sind.«

PROGNOS? Waren das nicht die, die zusammen mit Bert Rürup den Paradigmenwechsel mit eingeläutet und damit der Versicherungswirtschaft sprudelnde Einnahmequellen beschert haben? Sie erinnern sich?[8]

Sicher wäre es billiger gewesen, wenn sich der DGB die Prognos-Untersuchungen direkt beim Gesamtverband der Deutschen Versicherungswirtschaft oder der Initiative Neue Soziale Marktwirtschaft besorgt hätte.

Vernünftiger wäre es gewesen, sich aus den eigenen Reihen zu bedienen. Im gewerkschaftlichen Debattenportal des DGB »Gegenblende« ist ein Artikel über das österreichische Rentensystem erschienen und warum dieses ein Vorbild für Deutschland sein könnte.[9] In der Tat wäre das ein Modell, das nicht nur Kosmetik wäre. Warum sich der DGB auf diese Diskussion nicht ernsthaft und mit Konsequenz einlässt, ist nicht nachzuvollziehen.

Wenn es bei diesem »Papier« bleibt, ist die von den Gewerkschaften und vom DGB großartig angekündigte Rentenkampagne als Tiger gestartet und als Bettvorleger gelandet. Für die Versicherten und die RentnerInnen ist das nicht der Durchbruch, der dringend notwendig wäre, um auch im Alter ein menschenwürdiges Leben führen zu können. Die Profiteure dieser »zukunftsgerichteten« Rentenpolitik sitzen dann weiterhin anderswo.

PKW-Maut – es geht nicht um die CSU, sondern um künftige Privatisierungen in großem Maßstab

29. März 2017/von Jens Berger

Alexander Dobrindt eignet sich vorzüglich als Witzfigur und seine »Ausländermaut«, die nicht so heißen darf, ist natürlich eine Steilvorlage für jeden Kabarettisten. Mehr als drei Jahre nach Unterzeichnung des Koalitionsvertrags hat nun auch die SPD der PKW-Maut zugestimmt. Klar, wir kriegen den Mindestlohn, ihr eure Maut, so funktioniert Politik. Den meisten Bürgern ist das auch alles egal. Ob sie nun 100 Euro für eine Maut-Plakette oder 100 Euro KFZ-Steuern bezahlen … linke Tasche, rechte Tasche. Und das alles nur, weil bajuwarische Bierzelt-Populisten den Mund im Wahlkampf zu voll genommen haben? Dieses Bild vermitteln ja auch die Medien nur allzu gern. Doch so einfach ist es nicht.

Bei der Maut geht es schließlich nur vordergründig um eine Benutzungsgebühr für Autobahnen und Bundestraßen. Die elementare Funktion einer Maut liegt ganz woanders: Ohne Maut keine Privatisierung der Autobahnen. Zur Finanzierung privatisierter Fernstraßen sind automatische Einnahmen aus dem Mautsystem unerlässlich. Insofern ist das »Ja!« der SPD zur PKW-Maut wohl leider auch die Vorstufe zu einem »Ja!« zur Autobahn-Privatisierung.

Urlauber kennen das System der streckenbezogenen Autobahnmaut von den Alpentunneln. Vor der Durchfahrt zahlt man die entsprechende Gebühr an einem Kassenhäuschen und hat dann freie Fahrt und ärgert sich über die Kosten. Ein solches System ist simpel und sehr gut geeignet, um die Gebühren für privatisierte Autobahnen oder Autobahnabschnitte einzutreiben. Es hat jedoch auch zwei entscheidende Nachteile: Es ist teuer im Unterhalt und der Autofahrer wird permanent negativ daran erinnert, dass er hier für etwas zur Kasse gebeten wird, was die Politik ihm eingebrockt hat. Und sowas ist natürlich wahlkampfstrategisch unklug, das wissen die Unionsparteien und die SPD nur zu genau. Eine Autobahnprivatisierung nach dem Kassenhäuschen-Prinzip wird es in Deutschland daher nicht geben.

Schon heute fließen Jahr für Jahr mehr als 175 Millionen Euro Mauteinnahmen direkt in privatisierte Autobahn-Projekte[10] – Geld aus der LKW-Maut, die bekanntlich streckenbezogen erhoben wird. Für die Politik ist dies eine sehr elegante Lösung. Die Einnahmen aus der LKW-Maut fließen an das Betreiberkonsortium und werden dann gemäß eines von der Politik festgelegten Verteilungsschlüssels ausbezahlt. Dabei fließen rund 3,5 Mrd. Euro der Gesamteinnahmen in Höhe von rund 4,5 Mrd. Euro in den Bereich »Investitionen in Bundesfernstraßen«. Wer nun denkt, diese Gelder würden 1:1 in den Bundeshaushalt fließen, hat sich jedoch getäuscht, wie der Kostenfaktor »Öffentlich private Partnerschaften«, ein anderes Wort für Privatisierungen, zeigt. Vor allem für die Zahlungen von Leistungen an private Träger und Investoren ist das Mautsystem daher auch das Nonplusultra.

Bei diesem Umverteilungssystem zahlt der Staat direkt keine Gelder an die Investoren aus. Er bekommt lediglich weniger Einnahmen aus den Gebührenerhebungssystemen ausbezahlt. Auch das ist linke Tasche, rechte Tasche; nur dass die Privatisierung selbst und die damit in Verbindung stehenden Geldströme gut kaschiert werden können.

Ihnen mag es egal sein, ob sie nun 100 Euro für eine Plakette oder 100 Euro für die KFZ-Steuer bezahlen. Für die 100 Euro KFZ-Steuer ist jedoch die jeweils gewählte Regierung rechenschaftspflichtig und Zahlungen an private Investoren werden zudem als Staatsausgaben deklariert. Die 100 Euro KFZ-Maut fließen erst einmal an die Betreibergesellschaft und werden dann umverteilt. Wie viel Geld von diesen 100 Euro in den Staatshaushalt fließen, ist dabei vollkommen offen. Zunächst werden natürlich die Betreiberkosten abgezogen, die nach Angaben der Autofahrer-Lobby ja nicht unerheblich sein sollen.[11] Der Rest der Mauteinnahmen steht dann – zusammen mit den Einnahmen aus der LKW-Maut – als eine Art »Kriegskasse« zur Verfügung, aus der private Investoren elegant bezahlt werden können, ohne dass der Autofahrer und der Steuerzahler davon direkt etwas mitbekommen.

Kein Kassenhäuschen, kein Gebührenbescheid … der Bürger zahlt ja die Flatrate und denkt, dass seine Maut schon für den Straßenbau und -erhalt ausgegeben wird und merkt überhaupt nicht, dass ein signifikanter Teil seiner Mautgebühren wie von einer magischen Hand in die Kassen privater Investoren umverteilt wird. Nur so ist eine weitreichende Privatisierung der deutschen Fernstraßen überhaupt möglich. PKW-Maut und Autobahn-Privatisierung gehören daher auch zusammen wie zwei siamesische Zwillinge. Dies sollten auch Linke und Grüne bedenken, wenn man die PKW-Maut ironisch als CSU-Maut oder die Politik als »Geißel des Populismus der CSU« bezeichnet. Es geht um mehr; viel mehr.

Unser linksliberales Establishment verblödet zusehends

3. Mai 2017 / von Jens Berger

Wenn Frankreich am Sonntag seinen neuen Präsidenten wählt, so haben die Wähler die Wahl zwischen Pest und … stopp! Hätte ich diesen Satz ausgeschrieben, wäre ich für den linksliberalen Publizisten Robert Misik bereits ein »unterschlauer« Teil der »dummen Linken«. Misik weiß zwar nicht, was an Macron nun löblich sein soll – aber keine Wahlempfehlung für den Kandidaten der extremen Mitte zu geben, sei für ihn eine »kriminelle Dummheit«. Ganz ähnlich argumentiert – ebenfalls via taz – sein Bruder im salonlinken Geiste: Neoliberalismus hin, Austeritätswahnsinn her – für Daniel Cohn-Bendit liegt der »eigentliche Skandal« der Wahlen in Frankreich darin, dass die politische Linke sich weigert, eine klare Wahlempfehlung für Macron auszugeben. Man mag da nur noch mit dem Kopf schütteln. Deutschland, wo sind nur Deine Intellektuellen geblieben?

Misiks Alternativlosigkeit

Robert Misiks Motto für Frankreich ist klar: Le Pen soll mit allen Mitteln verhindert werden. Dass ein Wahlsieg Le Pens eine Katastrophe wäre, ist ja auch unstrittig. Die interessantere Frage ist da schon, warum ein Sieg Macrons kein großes Problem sein sollte. Und auf diese Frage hat ein Robert Misik auch keine Antworten. Selbst nach mühevoller journalistischer Schweißarbeit findet der österreichische Publizist als Pluspunkte für Macron nur den lauwarmen Satz. »Innenpolitisch ist sein Weltbild eher gemäßigt blairistisch, europapolitisch aber eher keynesianisch. Das sollte man schon auseinanderhalten können«. Bitte? Vielleicht kann mir Robert Misik ja mal bei einem Grünen Veltliner erklären, was am innenpolitischen Weltbild Tony Blairs löblich gewesen sein soll – Stichwort: Überwachungsstaat – und welche Europapolitik der 1946 verstorbene Lord Keynes überhaupt verfolgt hat. Es ist ja bekannt, dass vor allem linksliberale Intellektuelle gerne mit Formulierungen um sich schmeißen, die sie selbst nicht verstehen. Aber wenn ein Robert Misik in einem Meinungsartikel, in dem er der europäischen Linken »Dummheit« vorwirft, an der zentralen Stelle nur mit zwei inhaltslosen Nullsätzen daherkommt, kann man schon sagen, dass der Vorwurf der »Unterschläue« hier auf den Verfasser zurückfällt.

Was will Misik eigentlich von uns? Dass wir nun alle Macron für einen Retter des Abendlandes halten, der zwar kleinere Schönheitsfehler hat, aber »leider« alternativlos ist? Nein! Wir Linksliberalen müssen endlich aufhören, den Neoliberalismus zu verharmlosen. Macron ist kein netter Kerl mit kleinen Fehlerchen. Er ist ein Überzeugungstäter aus der extremen Mitte, dessen Politik sehr vielen Menschen Leid zuführen und die europäische Idee ad absurdum führen wird. Das ist keine Petitesse, Herr Misik!

Cohn-Bendit und die Lifestyle-Linken

Robert Misik und Daniel Cohn-Bendit seien daran erinnert, dass es vor allem die Grünen und Lifestyle-Linken waren, die durch die Wahl des hoffnungslos abgeschlagenen Benoit Hamon erst den Einzug von Marine Le Pen in die zweite Runde der Präsidentschaftswahlen ermöglich haben. Madame Le Pen lag in der ersten Runde gerade einmal 1,6 Prozentpunkte vor dem linken Kandidaten Mélenchon. In meiner ersten Analyse zur Wahl machte ich daher auch die Sozialisten mitverantwortlich für den Sieg Le Pens über Mélenchon. Doch das war wohl voreilig. Zahlreiche Freunde und Leser aus Frankreich erklärten mir, dass die 6,4 Prozent der Wähler, die für Hamon gestimmt haben, eher zu den liberalen Lifestyle-Linken und –Grünen gehören, die ohnehin nie einen wirklich linken Kandidaten gewählt hätten und daher eigentlich eher dem Macron-Lager zuzuordnen wären. Aktuelle Wahlanalysen, nach denen 75 Prozent der Hamon-Wähler nun Macron ihre Stimme geben, bestätigen dieses Urteil.

Misik, Cohn-Bendit und die anderen linksliberalen Verharmloser des Neokapitalismus sind nicht die Lösung, sondern Teil des Problems. Der Eine echauffiert sich vor allem über »kriminell dumme Linke« und nicht über die eiskalte Menschenverachtung des Neoliberalismus. Der Andere ist vor allem darüber entsetzt, dass »zahlreiche Linke, die [er] gut [kennt], leichtfertig Macron denunzieren«. Die Verbrechen des Neoliberalismus und die Folgen eines fehlgeleiteten Finanzkapitalismus scheinen für den ehemals »roten Daniel« dagegen lässliche Sünden zu sein. Derartige linksliberale Intellektuelle sind Steigbügelhalter des Neoliberalismus, profane Schwätzer ohne Anspruch und ohne Rückgrat, die es sich im linksliberalen Establishment bequem gemacht haben und meilenweit von der Lebenswirklichkeit ihrer Mitmenschen entfernt haben. Wer echte Intellektuelle sucht, muss da schon über den deutschen Tellerrand[12] hinausblicken.

Todd und Eribon – was für ein Kontrast zu den deutschen Denkabstinenzlern

Schade, dass die *Welt* ihr Interview mit dem linken französischen Historiker Emmanuel Todd hinter einer Paywall versteckt hat. Wenn Sie heute noch am Kiosk vorbeikommen, kaufen Sie sich ruhig ausnahmsweise mal die *Welt*. Was Sie auf Seite 6 zu lesen bekommen, ist äußerst interessant. Für Todd sind sowohl der Macronismus als auch der Lepenismus »das Schlimmste, was Frankreich in den letzten zwei Jahrzehnten hervorgebracht hat.« Beide seien jedoch zwei Seiten ein und derselben Medaille. Lepenismus heißt – so Todd – »sich für den Rassismus zu entscheiden«. Und Macronismus bedeutet für ihn, »die freiwillige Knechtschaft zu akzeptieren, zu resignieren«, sich »unter die Banken, unter Deutschland [und] unter Europa« zu unterwerfen. **»Wir haben«, so Todd, »nur die Wahl zwischen Knechtschaft und Rassismus. Aber man kann sich nicht freiwillig für die Knechtschaft entscheiden«.** Macron würde als Präsident dafür sorgen, dass Frankreich »durch die eigene Elite zerstört« wird.

Wann haben sie das letzte Mal von einem Intellektuellen derart scharfe Kritik am allgegenwärtigen Neoliberalismus deutsch-brüsseler Spielart gelesen? Vielleicht dann, wenn Sie ein regelmäßiger Leser der Texte und Interviews von Didier Eribon sind. Eribon weigert sich ebenfalls, vorschnell der Deutungshoheit der Eliten nachzugeben. Der momentan zu beobachtende Siegeszug der sogenannten Rechtspopulisten sei vor allem die Schuld der Sozialisten. Die hätten »mit ihrer Verbeugung vor dem Neoliberalismus die Grundsätze von Sozialismus und Sozialdemokratie verraten«, »damit das Band zwischen der Arbeiterklasse und den linken Parteien zerschnitten [und] den Raum freigemacht, der dann von den Rechtsradikalen besetzt werden könnte«. Der Wechsel so vieler abgehängter Wähler vom linken ins rechtsextreme Lager sei eine Art »politische Notwehr der unteren Schichten«. Wenn Sie nach einer Erklärung für den Höhenflug des Front National suchen – hier haben Sie sie.[13]

Es ist schon fast peinlich, mit welch intellektueller Kleingärtnerei Deutschlands Linksliberale auf die Situation reagieren, die Todd und Eribon messerscharf analysiert haben. Weil es ja nun gegen die Rechten ginge, sei es die moralische Pflicht des Wählers, über das vorgehaltene Stöckchen zu springen und den neoliberalen Dandy Macron zu wählen; also die Knechtschaft freiwillig zu begrüßen. Diese Argumentation geht in ihrer gesamten Groteske natürlich erst auf, wenn man sich einmal das ganze Bild betrachtet.

Zunächst haben die alten politischen Kräfte den Neoliberalismus an Bord gebracht und dessen Opfer haben sich mehr und mehr von diesen Kräften ab- und dem Rechtspopulismus hinzugewandt. Und nun soll eine Überdosis Neoliberalismus Europa vor dem Rechtspopulismus bewahren? Das ist doch absurd.

Sogar noch absurder ist, dass nun eine alternativlose Situation konstruiert wird, in der der Wähler aufgefordert wird, dem Neoliberalismus ein sagenhaftes Plebiszit zu verschaffen; nur um den

Rechtspopulismus zu verhindern. Und dann? Dann erzeugt die Überdosis Neoliberalismus eine Überdosis Rechtspopulismus und wir sitzen in genau der Patsche, in die uns unsere linksliberalen Eliten zielsicher manövriert haben. **Zuerst unterwerfen wir uns freiwillig der Knechtschaft und laufen dann den Faschisten hinterher, die uns »befreien« wollen.**

Macron wählen?

Im *Guardian* stellt Olivier Tonneau unter Berufung auf Pariser Journalisten fest, dass die Konstellation der zweiten Runde der Präsidentschaftswahlen wahrscheinlich das Ergebnis einer umfassenden Kampagne sei; auch um zu verhindern, dass ein linker Kandidat in den Élysée-Palast einzieht. Auch wenn sich Tonneaus Anschuldigungen kaum beweisen lassen, so dürfte da schon etwas dran sein. Es ist natürlich kein Zufall, dass ausgerechnet die beiden linksliberalen Blätter *Liberation* und *Le Monde* ungewöhnlich deutlich gegen Mélenchon und für Macron Position bezogen haben.

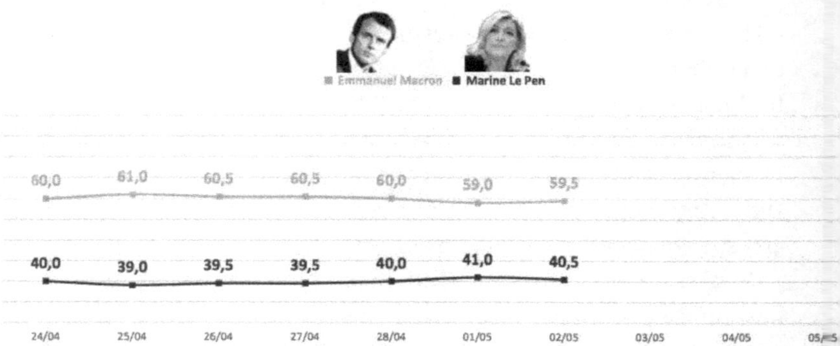

In den aktuellen Umfragen liegt Macron mit stolzen 19 Punkten vor Le Pen. Das Argument, man müsse nun auf jeden Fall Macron seine Stimme geben und den vor der Tür stehenden Faschismus in letzter Sekunde verhindern, ist also ohnehin unsinnig. Im Gegenteil. Ein 60:40 Sieg würde von Macron und den Medien als klarer Wählerauftrag interpretiert, das Land nach seinen neoliberalen Vorstellungen umzubauen. Jedoch würde auch ein knapper Sieg Macrons als Signal für mehr Neoliberalismus gewertet – denn dann gelang es ihm ja nur knapp, den Faschismus zu verhindern, und nun müsse die gesamte Gesellschaft sich hinter Macron stellen, um Europa zu retten. Misik und Cohn-Bendit würden applaudieren. Aber das will nichts heißen.

Auf die Idee, dass man dem Faschismus durch eine Bekämpfung des Neoliberalismus den Sauerstoff entziehen kann, kommt seltsamerweise niemand. Spätestens wenn Angela Merkel im Bundestag »den Neoliberalismus in seinem Lauf, hält weder Ochs' noch Esel auf« singsangt, sollte auch unsere linksliberalen Eliten der Verdacht kommen, dass sie auf der falschen Seite stehen. Doch dann könnte es bereits zu spät sein.

Wenn ich die Wahl zwischen Pest und Cholera – nun habe ich es doch geschrieben und bin für Robert Misik ein »unterschlauer Linker« – habe, wähle ich ... gar nicht. Und genau dies haben auch rund zwei Drittel der Wähler vor, die in der ersten Runde Jean-Luc Mélenchon ihre Stimme gegeben haben. Aber diese Entscheidung muss natürlich jeder selbst treffen. Auch Didier Eribon und Emmanuel Todd haben bereits angekündigt, eine ungültige Stimme abzugeben. Jean-Luc Mélenchon wird wählen – wen, das sagt er nicht; nur, dass es nicht Marine Le Pen sein wird.

Ein überwältigendes Mandat für Macron?

19. Juni 2017 / von Jens Berger

Emmanuel Macron hat es geschafft. Nach der zweiten Runde der Parlamentswahlen verfügt seine Instant-Ein-Personen-Partei »La République en Marche« über eine solide absolute Mehrheit. Das in Frankreich ohnehin schwache Parlament wird also während der kommenden Legislaturperiode kein Stolperstein für den gefeierten Reformer sein. Merkwürdig ist jedoch die vor allem in den deutschen Kommentaren dominierende Interpretation des Wahlergebnisses – demnach hat Macron nun auch ein solides demokratisches Mandat für seine kommenden Reformen. Ist das so? **Gemessen an den abgegebenen Wählerstimmen haben nur 13,4% der Wahlberechtigten Macrons en Marche ihr Mandat gegeben.** Das ist weniger, als die FDP 2009 bei ihrem Rekorderergebnis in Deutschland erzielen konnte. Ein Wählerauftrag für »Reformen« sieht anders aus.

Um Eines vorwegzunehmen – die meisten Kommentare in den deutschen Medien weisen selbst kritisch auf die historisch niedrige Wahlbeteiligung hin und ihnen scheint der nun angekündigte »Durchmarche«[14] selbst nicht ganz geheuer zu sein. Dennoch wird das Wahlergebnis als parlamentarisches Mandat für Macrons »Reformpolitik« gedeutet. Stellvertretend für viele Kollegen sei hier auf die Deutung des *Zeit*-Korrespondenten Georg Blume verwiesen[15]. Für Blume ist das Ergebnis vor allem eine Absage an eine »nicht erneuerungsfähige Politikerkaste«. Dem kann man wohl sogar zustimmen. Erste Fragezeichen kommen jedoch bereits bei der ergänzenden Anmerkung auf, nach der das Ergebnis auch eine Absage an radikale Parteien sei. Blume sieht – genauso wie die meisten seiner Kollegen – offenbar nur am linken und rechten Rand das Revier für »radikale« Politik. Was ist aber mit der »Politik der radikalen Mitte«? Ist eine weitreichende neoliberale Politik, wie sie beispielsweise von Thatcher, Blair, Reagan und auch Schröder praktiziert wurde, etwa nicht »radikal«?

Oberflächlich gesehen wirkt das Ergebnis der Macron-Partei in der Tat beeindruckend. En Marche stellt nun 308 der 577 Mandate und hat damit sogar ohne Koalitionspartner eine sehr bequeme absolute Mehrheit. Wenn man sich die Zahlen genauer anschaut, wirkt das Ergebnis keinesfalls mehr so solide. Im ersten Wahlgang stimmten nämlich gerade einmal 6,4 Millionen Franzosen für Macrons Partei. Dies sind gerade einmal 13,4 Prozent der

47,6 Millionen Wahlberechtigten. Gerade das französische Mehrheitswahlsystem neigt bei niedrigen Wahlbeteiligungen dazu, grotesk wirkende Ergebnisse zu produzieren. Dies trifft natürlich auf beide Extreme zu: Auf der einen Seite haben wir Macron, der mit einem besseren FDP-Ergebnis nun bereits als »allmächtig« gilt. Und auf der anderen Seite sind die Sozialdemokraten von der altehrwürdigen PS von 280 auf nun nur noch 29 Mandate abgestürzt – im ersten Wahlgang machten nur 3,4 Prozent der Wahlberechtigten ihr Kreuz bei der Schwesterpartei der SPD. Da wundert es kaum, dass Schulz und Gabriel sich nun ein absurdes Rennen mit der Kanzlerin liefern, wer denn nun Macrons »bester Freund« in Deutschland sei.

Gemeinhin ist es nicht sonderlich sinnstiftend, ein Wahlergebnis anhand der Zahl der Wahlberechtigten umzuschreiben. Wer nicht wählt, hat sein Mandat verschenkt und darf sich nachher auch nicht beschweren, dass gegen seine Interessen regiert wird. Frankreich ist jedoch ein sehr spezielles Beispiel, da Freund und Feind von Emmanuel Macron bereits auf die kommenden »Reformen« des liberalen Shootingstars schielen. Kein einziger Kommentar in den deutschen Medien kommt ohne den Nebensatz aus, das Macron nun »freie Hand« hat. Sogar SPD-Grande Sigmar Gabriel ließ es sich nicht nehmen, sich via Twitter über den »freien Weg« für die nun kommenden »Reformen« zu freuen – man sollte wirklich mal untersuchen, ob Gabriel und Co. nicht bei englischen Buchmachern mit hohen Einsätzen gegen die SPD gewettet haben.

Zu den nun erwarteten Arbeitsmarktreformen hat Werner Vontobel auf Makroskop einen schönen Artikel geschrieben: »Emmanuel Macron »liefert« – wem?«

Der französische Herbst wird heiß. Sowohl die politische Linke als auch die Gewerkschaften haben bereits ihren Widerstand gegen die Liberalisierungs- und Deregulierungspolitik Macrons angekündigt. Klar ist auch, dass dieser Kampf nicht nur auf der Straße, sondern auch in den Medien ausgetragen wird. Und hier kommt die Fehldeutung des »überwältigenden Mandats« ins Spiel. Würden die Franzosen wirklich mehrheitlich hinter Macrons »Reformpolitik« stehen, hätten die Gegner wohl schlechte Karten. Wenn man jedoch berücksichtigt, dass noch nicht einmal jeder fünfte wahlberechtigte Franzose Macrons Partei eine Rückendeckung gegeben hat, sieht die Debatte schon ganz anders aus.

Frankreichs Demokratie durchlebt eine tiefe Vertrauenskrise. Wenn weniger als 43 Prozent der Wahlberechtigten an einer Parlamentswahl teilnehmen, ist dies mehr als ein ernstes Warnsignal und dies betrifft keinesfalls nur die »Altparteien«. Auch Macrons wirtschaftsliberale Instantpartei hat – im Vergleich zu den wirklich großen Parteien wie der deutschen CDU oder den britischen Tories und der Labour Partei – nur geringen Rückhalt in der Bevölkerung. Noch reitet Macron selbst auf einer medialen Welle – jung, frisch, dynamisch, neu … diese Attribute sind schnell verbraucht und dann steht auch Emmanuel Macron vor seinem Volk, wie Gott ihn geschaffen hat. Die alles entscheidende Frage wird dann sein, wohin das enttäuschte Volk marschiert. Zurück zu den Altparteien? Wohl kaum. Nach links? Eher unwahrscheinlich. Dann hoffen wir nur, dass Didier Eribon mit seiner messerscharfen Analyse daneben liegt, die da sagt: Auf Macron folgt Le Pen.[16]

ARD, ZDF etc. versagen in der neu aufgebrochenen Rentendebatte erneut – mit Polemik gegen die Gesetzliche Rente, mit dem Rückgriff auf den unseriösen Raffelhüschen als Sachverständigen usw.

28. Juni 2017 / von Albrecht Müller

Am 26.6. wurde eine Bertelsmann-Studie zum Thema Altersarmut veröffentlicht. In ihren Berichten und Kommentaren sind die Tagesthemen, das Heute Journal, der Südwestfunk und andere mehr wieder in ihre alte Rolle zurückgefallen. Sie engagieren sich wie vor 15 Jahren für die Interessen der Versicherungswirtschaft und nicht für die im Interesse der kommenden Rentnerinnen und Rentner notwendigen Lösungen der Probleme: nämlich für die Stärkung der Leistungsfähigkeit der gesetzlichen Rente – nach dem Vorbild Österreichs zum Beispiel, wo diese im Schnitt 800 Euro höher liegt als in Deutschland. Eine Leserin der NachDenkSeiten schrieb, die ARD sei eine »Verdummungsanstalt des öffentlichen Rechts«.

In der Tat kann man angesichts dieser neuerlichen Debatte nur mit Kopfschütteln zur Kenntnis nehmen, dass ausgerechnet die zentrale ARD-Einrichtung in Hamburg, die Tagesschau, sich anmaßt, mit einer eigens gegründeten »Faktenfinder«-Einrichtung andere Medien kritisch zu begleiten. Allein schon die Debatte um die Rente und Demographie belegt die Manipulationsaktivitäten der ARD.

Im Folgenden wird versucht, den aktuellen Vorgang in den historischen Gesamtzusammenhang einzuordnen. Dazu skizziere ich die Einführung der staatlich geförderten Privatvorsorge, die dafür betriebene Erosion der Leistungsfähigkeit der Gesetzlichen Rente und die notwendige Propaganda zur Durchsetzung der Privatvorsorge, und dann einige Jahre später die Ratlosigkeit der Lobbyisten der Privatvorsorge, als sich die Riester-Rente als nutzloser teurer Missgriff erwies; und dann wird von ihrem am vergangenen Montag erkennbaren Neueinstieg in die Agitation für den falschen Weg zu berichten sein:

1. **Vor 20 Jahren begann die erste große Kampagne der Versicherungswirtschaft und der Banken für die kommerziell betriebene Altersvorsorge.** Schon damals wurde der demographische Wandel dafür benutzt, den Eindruck zu erwecken, die Altersvorsorge der Mehrheit der Menschen sei nur mit einer Umstellung von der Gesetzlichen Rente hin zu einer Mischform, jedenfalls zu einem Ausbau der kommerziellen Privatvorsorge zu erreichen. Im Wahlkampf für

die Bundestagswahl 1998 klotzte die Finanzwirtschaft mit großen zweidrittelseitigen Anzeigen und anderen Werbemitteln.

Damals lagen alle Argumente gegen die Privatisierung der Altersvorsorge auf dem Tisch und es war auch durchschaubar, warum und wie sich die Versicherungswirtschaft ein neues Geschäftsfeld eröffnen will. Dies habe ich in einem kleinen Buch mit dem Titel *Mut zur Wende*, erschienen im Aufbau-Verlag, 1997 beschrieben. Dort unter der Überschrift »Der Generationenvertrag zur Altersvorsorge hält« (Seite 93). Damit will ich keine Reklame für ein früheres Buch machen – es ist sowieso nicht mehr auf dem Markt. Es geht nur um den Hinweis und Nachweis, dass alles, die Motive, die finanziellen Gründe und die Methoden der Argumentation schon zu Beginn der Kampagne gegen die Gesetzliche Rente und für die Privatvorsorge auf dem Tisch lagen.

2. **Vor 15 Jahren, zum 1.1.2002, war mit der Einführung der Riester-Rente und der anderen Privatvorsorge-Modelle der entscheidende Schritt getan.** Die Vorarbeit war von Politik, Medien und Wissenschaft quasi gemeinsam geleistet worden. Eine wichtige Rolle spielte die Rürup-Kommission und selbstverständlich der zuständige Minister, Walter Riester sowie andere Personen im Umfeld von Gerhard Schröder und seines Kanzleramtschefs Steinmeier. Zu diesem Kreis gehörte zum Beispiel der Niedersachse Maschmeyer.
3. **Die Einführung der Privatvorsorge selbst war sowohl von massiver Propaganda begleitet als auch von politischen Entscheidungen, die die Einführung erleichterten. Dazu zählten vor allem die gezielte Minderung der Leistungsfähigkeit der gesetzlichen Rente und die Entscheidung für die staatliche Subventionierung privater Altersvorsorge-Modelle und -Projekte.**

Die Kampagne für die Privatvorsorge habe ich in einer PowerPoint Dokumentation beschrieben.[17] Das Jahrzehnt zwischen dem Jahr 2000 und dem Jahr 2010 war angefüllt von dieser Agitation pro Privatvorsorge. Nicht nur die *Bild*-Zeitung, auch Öffentlich-rechtliche Sender haben sich mit viel Geld und viel personeller Kapazität an dieser Kampagne beteiligt. Diese damalige Kampagne zugunsten von Einzelinteressen ist ein Musterbeispiel dafür, dass öffentlich-rechtliche Medien wie auch die privaten Medien sich haben für private Interessen einspannen lassen und dafür auch Unwahrheiten verbreitet haben. Im konkreten Fall über die Haltbarkeit des Generationenvertrages. Dass dieser nicht mehr trage, war die zentrale Botschaft der Privatisierungs-Agitatoren.

Ein Teil der einschlägigen sogenannten Wissenschaft machte mit. Namentlich die Herren Raffelhüschen, Sinn, Rürup, Börsch-Supan, Miegel.

4. **Es gab ein paar wenige aufklärende Stücke der etablierten Medien. Dazu gehörte an erster Stelle zu nennen die Dokumentation des Saarländischen Rundfunks mit dem Titel »Rentenangst«.**

   Diese in den NachDenkSeiten wiederholt und nicht oft genug zu präsentierende Dokumentation von Dietrich Krauss und Ingo Blank hat auf meisterhafte Weise am Beispiel von Bernd Raffelhüschen gezeigt, wie auf Seiten der Lobby mithilfe der Wissenschaft gearbeitet wurde.[18] Vor Versicherungsvertretern erklärt Raffelhüschen, wie er und seine Kollegen mitgeholfen haben, die Leistungsfähigkeit der Gesetzlichen Rente zu mindern, um so den versammelten Versicherungsvertretern das neue Geschäftsfeld aufzubereiten.

   Es ist interessant zu beobachten, dass die etablierten Medien am allerwenigsten auf solche positiven Ausreißer ihrer eigenen Kolleginnen und Kollegen zurückgreifen. Die »Rentenangst« wird von den Agitatoren der Privatvorsorge nicht oder selten zitiert.

5. Wir, die NachDenkSeiten und ich als Autor von *Die Reformlüge*, *Machtwahn* und *Meinungsmache* haben in der Phase

zwischen 2002 und 2010 immer wieder gewarnt vor den Folgen der neuen Rentenpolitik. Wir haben davor gewarnt, dass die Privatvorsorge über das Riester-Modell wie auch über die private betriebliche Altersvorsorge nicht funktionieren kann – schon weil die Kosten des Betriebs dieser Systeme die Rendite bis zur Nicht-mehr-Messbarkeit schrumpfen lassen. Diese Warnungen wurden abgetan. Auch von den sogenannten seriösen etablierten Medien. Sie saßen nahezu alle mit im Boot der gutgeschmierten Privatvorsorge.

6. **Dann kam die Zeit, beginnend etwa vor 5 Jahren, der nicht mehr vermeidbaren Offenbarungseide.** Immer mehr Menschen erkannten, dass ihre Riesterverträge keine Erfolge waren und dass unserem Land eine ziemlich bedrückende Altersarmut ins Haus steht. Die Privatvorsorge-Modelle waren als Flops erkannt, als nicht wirklich leistungsfähig und riskant obendrein.

   Jetzt hätte man Einsicht, Nachdenken und Umorientierung erwarten können. Auch in der Sache, nicht nur in der Propaganda. Man hätte erwarten können, dass Politik, Medien und Wissenschaft zur Vernunft kommen und sich darauf verständigen könnten, so wie in Österreich zum Beispiel alle finanziellen und politischen Kapazitäten auf die Stärkung der Gesetzlichen Rente zu konzentrieren und damit auch ein für die meisten Menschen ausreichendes Rentenniveau zu erreichen. Das müsste bei etwa 53 Prozent liegen.

7. **Aber diese Hoffnungsrechnung war ohne den Wirt gemacht, ohne den Wirt Finanzwirtschaft und ohne den Wirt Medien.**

   Offensichtlich haben sich CDU/CSU, vermutlich in der Person Schäuble, und SPD, repräsentiert durch die Sozialministerin Nahles, darauf verständigt, der Versicherungswirtschaft und den Banken aus der Patsche der Renditeschwäche zu helfen. Das lukrative Geschäftsfeld staatlich geförderte private Altersvorsorge soll ausgebaut werden. Und als Verkaufsargument soll helfen, dass die Gesetzliche Rente nicht besonders leistungsfähig bleibt.

Das von der SPD vorgelegte Rentenkonzept sieht ein Rentenniveau von 48 Prozent vor, was keinesfalls zu einer auskömmlichen Altersvorsorge einer großen Anzahl von Menschen reichen wird; außerdem ist festgelegt worden, dass die Beitragssätze nicht über 22 Prozent steigen dürfen. Das klingt wunderbar gut für die Arbeitnehmer, ist aber sozusagen hinterfotzig gemeint – verzeihen Sie den Ausdruck. Die Deckelung der Beitragssätze dient vor allem der Begrenzung der Leistungsfähigkeit der gesetzlichen Rente. Es soll Raum gelassen werden für die absurden Programme privat organisierter und staatlich geförderter Altersvorsorge. Bitte beachten Sie, dass ein Arbeitnehmer, der riestert, heute schon einen Beitragssatz von über 22 Prozent erreicht. Vier Prozent Riesterbeitrag plus aktueller Beitrag zur gesetzlichen Rente von 18,7 Prozent macht 22,7 Prozent.

Statt Rückkehr zur Vernunft haben wir in den letzten Monaten also die Rückkehr der Versicherungswirtschaft an die Schalthebel der Macht und der Entscheidungsbefugnis erlebt. Die SPD und die federführende Sozialministerin Nahles haben sich darauf konzentriert, die kommerzielle Altersvorsorge durch besondere Förderung der betrieblichen Altersvorsorge voranzutreiben.

8. **Alle, die die Rückkehr zur Vernunft in der Rentenpolitik erhofft hatten, haben ihre Rechnung auch ohne die Medien gemacht.** Die Reaktion auf die Bertelsmann-Studie vom vergangenen Montag zeigt, wie eng gerade auch die öffentlich-rechtlichen Sender mit den großen Interessen verflochten sind.

Dazu ein paar Beispiele:

- **heute-journal vom 26.6.2017:**

  Claus Kleber präsentiert den Oberlobbyisten der Versicherungswirtschaft Bernd Raffelhüschen als Sachverständigen. Und ohne kritische Fragen. Nichts zu seiner Rolle in der Dokumentation Rentenangst, nicht zu seiner Mitwirkung bei der Reduzierung der Leistungsfähigkeit der Gesetzlichen Rente, um auf diesem Wege der Privatvorsorge Platz zu schaffen.

- **Tagesthemen 26.6.2017:**
  Die Tagesthemen bedienen sich des alten Hinweises auf Norbert Blüms »Die Rente ist sicher«. Das ist die alte Propaganda und nichts sonst.
- **Tagesschau vom 24.6.2017:**
  Eine Vertreterin des SWR nutzt die traditionelle Angstmache mithilfe des demographischen Wandels. Noch nie etwas von der Veränderung der Produktivität gehört?

»kurzerklärt – Wie sicher ist die Rente?
1995 finanzierten vier Arbeitnehmer einen Rentner. Heute sind es nur noch drei. Weil sich diese Entwicklung weiter fortsetzt, fragen sich viele junge Menschen: Wie sicher ist die Rente? Denn um das heutige Niveau zu halten, müsste der Staat massiv zuschießen.«

Von Sarah Walzer, SWR

Das war eine Auswahl der Reaktion unserer Haupt-Medien. Sie haben nicht begriffen, was die Stunde geschlagen hat. Sie hängen an ihrer eigenen alten Propaganda. FakeNews eben in Fortsetzung.

Was ist ein gerechter Lohn?

12. August 2017/von Jens Berger

Während der Wahlkampf vor sich hin plätschert, setzt die Linkspartei mit ihrer Kampagne für gerechte Löhne inhaltliche Akzente. Gut so. Das Thema »gerechte Löhne« ist heute relevanter denn je. Doch was ist ein gerechter Lohn? Darf es sein, dass ein

Konzernchef für seine Dienste 300mal soviel Geld bekommt wie einer seiner Mitarbeiter? Warum liegt das Gehalt eines Ingenieurs in der Industrie so viel höher als das Gehalt eines Pädagogen? Gibt es Gründe dafür, dass Friseusen meist zu Niedriglöhnen arbeiten, während Industrieschlosser bei großen Konzernen oft mehr Geld bekommen als Jungakademiker?

Marktmechanismen, Traditionen und neoliberale Reformen sorgen dafür, dass sich die Gehälter in Deutschland immer stärker auseinanderentwickeln und selbst Tätigkeiten mit vergleichbarer Qualifikation sehr unterschiedlich entlohnt werden. So funktioniert eine Marktwirtschaft und das ist auch gut so. Für Gerechtigkeit ist nicht der Markt, sondern der Staat verantwortlich. Ihm steht mit dem Steuer- und Transfersystem ein mächtiges Schwert zur Verfügung, um Gerechtigkeit ins Lohnsystem zu bringen.

Die Wertschöpfung ist kein guter Indikator für Gerechtigkeit

Ein stark verkürzter Ansatz, Lohnunterschiede zu erklären, ist die Wertschöpfung, die mit der Tätigkeit verbunden ist. Wie will man eine solche Wertschöpfung aber bemessen? Der Endpreis eines Produkts hat nicht immer etwas mit Arbeit zu tun, wie es die klassische Arbeitswerttheorie postuliert. Warum sonst kostet das gleiche Poloshirt das Vielfache, wenn man ein Markenlabel aufnäht? Das Arbeitsentgelt an der Wertschöpfung zu orientieren, wäre ohnehin nur bei Produkten und Dienstleistungen sinnvoll möglich, deren Endpreis sich am Markt orientiert. Welche Wertschöpfung liegt beispielsweise in der Altenpflege, der Kinderbetreuung oder der häuslichen Arbeit?

Daher hat sich in der Praxis eine Zweiteilung der Lohnfestlegung herausgebildet. Im industriellen und gewerblichen Bereich bestimmt eine Mischung aus Angebot und Nachfrage, Qualifikation und finanzieller Lage des Arbeitgebers den Lohn. Brancheninterne Unterschiede werden dabei über Rahmentarifverträge zwischen Arbeitgebern und Arbeitnehmern geglättet. In den Bereichen ohne echten Markt orientiert sich der Lohn im Idealfall an vergleichbaren Löhnen in der freien Wirtschaft. Doch dieser Idealfall tritt in der Realität so gut wie nie ein und das hat seinen guten Grund.

Alle Räder stehen still, wenn dein starker Arm es will

Gewerbliche Arbeit hat nicht nur eine längere Tradition des Arbeitskampfes, sondern ist auch in weitaus größerem Maße von der Wirkmächtigkeit organisierter Arbeitnehmervertretungen beeinflusst. Der relativ hohe Haustarif des Automobilherstellers Volkswagen ist somit indirekt auch eine Folge jahrzehntelangen Arbeitskampfes vor dem Hintergrund, dass ein Streik den Konzern Millionen kostet. Was kostet es aber eine Kommune, wenn die Kita-Mitarbeiter streiken? Haben Grundschullehrer die Möglichkeit, ihren Arbeitgeber mittels eines Arbeitskampfes in die Knie zu zwingen? Auch andere traditionell schlecht bezahlte Berufsgruppen eint meist eins: Sie haben kaum die Möglichkeit, einen effektiven Arbeitskampf zu führen und meist auch einen sehr niedrigen Organisationsgrad. Wer nichts in der Hand hat, wird bei Verhandlungen aber gerne über den Tisch gezogen.

Der kleine Unterschied

Ein weiterer Grund für die unterschiedliche Entlohnung liegt in der Tradition der Berufe und dem Geschlecht der Mitarbeiter. Schlecht bezahlte Berufe, wie beispielsweise das Friseurhandwerk, die Alten- und Krankenpflege sowie die Kinderbetreuung oder der Grundschuldienst weisen einen sehr hohen Anteil weiblicher Angestellter auf. Diese Berufe wurden früher oft als Zuverdienst zur besser bezahlten gewerblichen Arbeit des männlichen »Hauptverdieners« ergriffen. In der heutigen Welt ist diese Form des Zuverdiensts zwar seltener anzutreffen, den strukturellen Lohnunterschied zu traditionellen »Männerberufen« in der Industrie oder bei den Finanzdienstleistungen konnten diese Berufe jedoch nie aufholen –

im Gegenteil, durch den schlechteren Organisationsgrad nimmt der Unterschied sogar von Jahr zu Jahr weiter zu.

Wenn immer wieder die Rede von einem 21-prozentigen Einkommensunterschied zwischen Männern und Frauen ist, vergleicht man natürlich Äpfel und Birnen. Der Anteil weiblicher Teilzeitarbeitskräfte ist signifikant höher – im Jahr 2015 waren beispielsweise 47 Prozent aller abhängig beschäftigten Frauen in Teilzeit beschäftigt,[19] während die Teilzeitquote bei Männern lediglich neun Prozent betrug. Selbst wenn man den Teilzeitfaktor herausrechnet, gibt es jedoch immer noch einen kleinen Unterschied zwischen den Geschlechtern, der sich hauptsächlich aus dem Berufsbild ergibt. Wer den Einkommensunterschied zwischen den Geschlechtern abseits der Teilzeitproblematik nivellieren will, sollte also dafür sorgen, dass mehr Männer Kindergärtner und mehr Frauen Ingenieurinnen werden. Ob das dem Wunsch der Menschen entspricht, steht jedoch auf einem anderen Blatt.

Leiharbeit = Arbeit zweiter Klasse?

Wie kann es sein, dass ein Mitarbeiter, der den linken Kotflügel anschweißt, den doppelten Stundenlohn wie sein Kollege bekommt, der den rechten Kotflügel anschweißt? Die gleiche Arbeit wird in Deutschland seit Einführung der Schröderschen Agenda-Reformen nicht mehr gleich entlohnt. Anstatt reguläre Arbeitnehmer einzustellen, sind die Arbeitgeber verstärkt dazu übergegangen, Leiharbeiter zu beschäftigen. Dabei ist bekannt, dass ein stehendes Heer auf die Dauer preiswerter ist als eine Söldnerarmee, wenn man stetig eine Mindestzahl von Soldaten vorhalten muss. Ein Söldner ist pro Tag deutlich teurer als ein normaler Soldat. Normalerweise müsste ein Leiharbeiter auch deutlich teurer als ein normaler Arbeiter sein. In anderen Ländern ist dies auch so – in Frankreich bekommt ein Leiharbeiter beispielsweise einen Flexibilitätsaufschlag von 15 Prozent auf den tariflichen Lohn.

Deutschland nimmt im OECD-Vergleich jedoch eine arbeitgeberfreundliche Sonderrolle ein.

Dabei kostet der Leiharbeiter, der den rechten Kotflügel für die Hälfte des Haustarifs anschweißt, den Automobilhersteller meist genauso viel wie ein regulär Beschäftigter – nur, dass ein Zeitarbeiter bei Bedarf fristlos entlassen werden kann. Zeitarbeit ist ein lukrativer Markt und die Marketender menschlicher Arbeitskraft verdienen fürstlich. Dabei gestatten selbst die aktuellen Gesetze, dass die Leiharbeit in Deutschland durch die Gewerkschaften entschärft werden könnte. Unter dem Schlagwort »Equal Pay« hatten die Gewerkschaften zeitweise offen für gleiche Löhne bei Stammbelegschaft und Leiharbeitern geworben. Da Gewerkschaftsmitglieder jedoch in der Regel eher der Stammbelegschaft und nicht dem Heer der Leiharbeiter angehören, verfolgen die Gewerkschaften diese eigentlich löbliche Initiative leider nicht mehr mit dem nötigen Nachdruck und die Politik zeigt auch kein Interesse an einem fairen Ausgleich.

Die Müllers im Gehaltsolymp

Deutschland diskutiert jedoch nur sehr selten über Mini-, dafür umso häufiger und emotionaler über Maxilöhne. Darf VW-Chef Matthias Müller trotz Dieselaffäre 9,6 Millionen Euro im Jahr verdienen? Ja, warum denn auch nicht? Während das untere Ende der Lohnspirale aus gutem Grund gesetzlich reglementiert werden muss, ist das obere Ende eine Frage des Verhandlungsgeschicks. Wenn die Aktionäre, also die Besitzer eines Unternehmens, der Meinung sind, Matthias Müllers Dienste seien fast 10 Millionen wert, so ist es ihr gutes Recht, dieses Geld zu bezahlen. Genauso wie es das gute Recht des FC Bayern München ist, mehr als 20 000 Euro pro Tag für den jungen Ballathleten Thomas Müller auszugeben. Hohe Gehälter sind kein Problem einer mangelnden Gerechtigkeit, sondern ein Problem eines dysfunktionalen Steuersystems. Gäbe es in Deutschland einen Spitzensteuersatz in Höhe von 80 Prozent für Einkommen über eine Million Euro pro Jahr, könnten sich nicht nur die beiden Müllers, sondern wir alle über diese Top-Gehälter freuen.

Der Staat als Hüter der Gerechtigkeit

Der freien Wirtschaft Gerechtigkeit abzuverlangen, ist bestenfalls naiv, schlimmstenfalls sogar kontraproduktiv. Natürlich könnte man fordern, dass Unternehmen im Sinne gesellschaftlicher Ideale beispielsweise junge Mütter besser bezahlen als kinderlose Männer. Dass solche Gesetze kontraproduktiv wären, ist jedoch offensichtlich – warum sollte ein Arbeitgeber in einem solchen Fall überhaupt noch junge Mütter einstellen? Mit Ausnahme des untersten Lohnbereichs sollte der Staat sich daher aus Gehaltsfragen weitestgehend heraushalten. Der Staat hat mit dem Steuer- und Transfersystem ein weitaus mächtigeres Schwert in der Hand. Wenn der begehrte Ingenieur oder der Facharbeiter bei Volkswagen denn nun so viel mehr Gehalt bekommen als die Kindergärtnerin oder die Grundschullehrerin, dann kann man dieses Missverhältnis ohne Probleme über Steuern und das Transfersystem ausgleichen.

In gewissem Maße gibt es ein solches Umverteilungssystem schon heute. Bei der Einkommenssteuer zahlen beispielsweise Haushalte mit einem Einkommen unter 50 000 Euro pro Jahr relativ zum Einkommensanteil am Volkseinkommen weniger in das Transfersystem ein, Haushalte mit einem Einkommen ab 125 000 Euro relativ mehr. Die einkommensabhängigen Effekte im deutschen Steuer- und Sozialsystem sind jedoch flach und man sollte auch nicht vergessen, dass vor allem Geringverdiener über die indirekten Steuern überproportional zur Kasse gebeten werden.

Es ist politisch durchaus gewollt, dass der Eingangssteuersatz relativ hoch und der Spitzensteuersatz einerseits relativ niedrig ist, andererseits bereits bei einem überschaubaren Einkommen greift. Das war nicht immer so. Bis zum Jahr 2000 waren in der Bundesrepublik Spitzensteuersätze von 53 beziehungsweise

56 Prozent die Regel. Die historisch einmalige dreistufige Senkung des Spitzensteuersatzes war ein Geschenk der Regierung Schröder an die Besserverdienenden im Lande. Vergleicht man die Steuersätze der Vergangenheit, fällt jedoch vor allem die fast unveränderte Bemessungsgrundlage des Spitzensteuersatzes auf. Während man heute bereits ab einem Einkommen von 54 000 Euro mit dem Spitzensteuersatz besteuert wird, musste man 1958 schon 60 000 Euro (nicht inflationsbereinigt!) bekommen, um mit dem Spitzensteuersatz besteuert zu werden. Was heute also schon für gutbezahlte Facharbeiter zutrifft, war früher eine echte »Reichensteuer« – 1958 hatten nicht sonderlich viele Bürger ein Einkommen von mehr als 120 000 D-Mark im Jahr.

Die Soziale Marktwirtschaft war stets als Korrektiv für Einkommensunterschiede gedacht. Spätestens seit der rot-grünen Regierungszeit wurde dieses Korrektiv jedoch ohne Not Schritt für Schritt außer Dienst gestellt. Die Debatte über einen gerechten Lohn ist zwar nicht neu, die Bedeutung dieser Debatte sollte heute jedoch größer denn je sein. Der Umstand, dass unterschiedliche Löhne heute als ungerecht empfunden werden, ist keine Frage der Marktwirtschaft, sondern eine Frage der Sozialen Marktwirtschaft und des Siegeszuges des Neoliberalismus. Die Politik hat – wenn sie es denn nur wollte – alle Möglichkeiten in der Hand, dafür zu sorgen, dass die Einkommen nach Steuern und nach Transferleistungen wieder gerecht werden. Stark ungleiche Löhne sind weder ein Naturgesetz noch unausweichlich. Das sind sie nur, wenn man sie hinnimmt. Es besteht jedoch kein nachvollziehbarer Grund, warum man dies hinnehmen sollte.

Anmerkungen

1 »Merkel wirbt um ›Modernisierungsverlierer‹«, Spiegel Online, 18.11.2016. [17.08.2016]

2 Der Anteil des Herstellerpreises ohne Steuern, den man den Lohnkosten zuweisen kann

3 http://www.diedeutschenbadbanks.de/
4 »BV-Beschluss ›Zukunftsgerichtete Rentenpolitik‹, DGB 2017, online unter: www.nachdenkseiten.de/upload/pdf/170308_dgb_bv_rentenbeschluss.pdf [17.08.2017]
5 »Frau Nahles präsentiert als Zauberkünstlerin ein ›Gesamtkonzept‹«, seniorenaufstand.de, 05.12.2016. [17.08.2016]
6 »Kabinett beschließt Gesetzentwürfe für höhere Erwerbsminderungsrente und einheitliches Rentenrecht«, bmas.de, 15.02.2017. [17.08.2017]
7 »Betriebsrente – Zu Risiken und Nebenwirkungen fragen Sie bitte nicht die IG Metall, Andrea Nahles und die CDU«, Nachdenkseiten.de, 21. Juli 2016. [17.08.2017]
8 »Nach dem Riester-Flop der Betriebsrenten-Turbo?«, Seniorenaufstand.de, 12.05.2016. Siehe auch: »PROGNOS und Zeitungen: ›Die Wahrheit über die Rente‹«, Seniorenaufstand.de, 16.11.2015. [17.08.2017]
9 »Rentensystem: Warum Österreich ein Vorbild sein kann«, gegenblende.dgb.de, 28.02.2017. [17.08.2017]
10 www.toll-collect-blog.de/nutzen-der-lkw-maut-fuer-die-infrastruktur/ [17.08.2017]
11 »Deutsche Pkw-Maut: Betriebskosten fressen Einnahmen auf«, diepresse.com, 10.02.2017. [17.08.2017]
12 Misik und Cohn-Bendit sind zwar Österreicher und Deutsch-Franzosen, beschäftigen sich in ihrem jüngeren publizistischen Schaffen aber vornehmlich mit Deutschland und sind deutsche Muttersprachler, weshalb ich sie – vollkommen ohne völkische Hintergedanken – zu den deutschen Intellektuellen zähle.
13 Warum sind rechte Parteien und Ideologien so einflussreich geworden? Der französische Soziologe Eribon hat eine plausible Antwort: *Rückkehr nach Reims,* Berlin 2016.
14 »Der Durchmarche«, Spiegel Online, 12.06.2017.
15 »Der perfekte Machtwechsel«, Zeit Online, 18.06.2017.
16 Didier Eribon: »Wer Macron wählt, wählt Le Pen«, SZ.de, 20. April 2017.
17 Online verfügbar unter: www.nachdenkseiten.de/upload/ppt/160224-dokumentation-zur-kampagne-demographie-und-privatvorsorge.ppt [16.08-2017]
18 »Die Rentenlügner – Rentenangst – Der Kampf um die Altersversorgung«, youtube.com, 05.06.2012. [16.08.2017]
19 »Neun Prozent der Männer arbeiten in Teilzeit«, Zeit Online, 01.11.2016. [16.08.2017]

Bomben für Deutschland! Von den Medienkampagnen der Rüstungsindustrie

Die transatlantischen Kriegstreiber sind sich einig: Deutschland soll »mehr Verantwortung« innerhalb der NATO übernehmen, und die Rüstungsausgaben erhöhen. Begleitet werden die völlig unsinnigen Forderungen von einem perfide geschnürten Propagandapaket, das unter anderem insinuiert, dass der neue US-amerikanische Präsident nun einmal unzuverlässig sei und man deswegen jetzt selbst mehr tun müsse. Das Kriegsgeheul richtet sich, wieder einmal, vor allem gegen Russland, das als Bedrohung für Europa dargestellt wird. Schon werden Rufe nach einer deutschen Atombombe laut – die natürlich nur zur eigenen Verteidigung in einer »neuartigen Sicherheitslage« dienen soll. Der völlige Irrsinn der Rüstungsspirale kennt ausschließlich Verlierer und führt nicht zu mehr, sondern weniger Sicherheit. Eine Tatsache, die allerdings den Profiteuren in der Rüstungsindustrie und der Politik völlig egal zu sein scheint.

Von der Restauration ins Zeitalter der Gedankenlosigkeit und des politischen Desinteresses. Schlaglichtartig sichtbar am Aufschrei über Trumps »NATO = obsolet«

18. Januar 2017 / Albrecht Müller

Die Weltgeschichte bewegt sich vermutlich doch in Höhen und Tiefen. Zurzeit steuern wir in großen Schritten ein absolutes Tief an. Als der kommende Präsident der USA zu verstehen gab, dass die NATO obsolet sein könnte, gab es ein Riesengeschrei. In der Anlage sind die ersten Meldungen, die bei Google nach Eingabe der Begriffe Trump und NATO, erscheinen, zusammengestellt. Vor 27 Jahren hat man in Deutschland offen darüber diskutiert, dass nicht nur der Warschauer Pakt, sondern auch das westliche Bündnis NATO ein Ende haben sollten. Weil die militärischen Blöcke keinen Sinn machen, wenn man sich auf eine gemeinsame Sicherheit zwischen West und Ost verständigt.

Die SPD, damals immerhin noch erkennbar als einigermaßen große Volkspartei, hat auf ihrem Berliner Grundsatzparteitag am 20. Dezember 1989 den Willen zum Ende beider Blöcke ausdrücklich beschlossen. Diese Willensbekundung hatte eine Basis im Denken von Millionen Menschen in Deutschland. Sie waren es leid, in einem Europa der militärischen Konfrontation zu leben. Die Entspannungspolitik mit ihren Verträgen und mit der Konferenz für Sicherheit und Zusammenarbeit in Europa (KSZE und später OSZE) war die Basis und das Konzept für die neue Friedensordnung. Wenn der neue US-Präsident seine Äußerungen zum Thema NATO ernst nimmt, dann würde er ziemlich genau in dieses Konzept passen.

Deshalb macht es keinen Sinn, sich über seine aktuellen Äußerungen zum Thema zu beklagen. Dass dies so penetrant und vielfältig geschieht, hat damit zu tun, dass unser Land und offensichtlich auch die europäische und US-amerikanische Menschheit in alte Denkmuster der Konfrontation zurückgefallen sind. Rüstung, geistige Aufrüstung, Feindbild-Produktion – alles aus den Speisekammern des Kalten Krieges der Fünfzigerjahre und neu belebt. Hier von Restauration zu sprechen ist berechtigt. Das bisschen Fortschritt, das wir in den sechziger und siebziger Jahren des letzten Jahrhunderts erreicht hatten, ist verspielt worden – übrigens beginnend mit dem Ehemann der Kandidatin Clinton in den neunziger Jahren des letzten Jahrhunderts.

Dass diese Restauration hierzulande so anstandslos möglich geworden ist, hat vermutlich etwas mit der Entpolitisierung und Gedankenlosigkeit zu tun, die unser politisches Leben erfasst hat. Der Anteil jener Bürgerinnen und Bürger, die sich in Parteien oder in Initiativen politisch engagieren, ist dezimiert. In den Parteien finden kaum inhaltliche Debatten statt. Wenn keine Diskussion stattfindet, dann können sich auch keine Gedanken entwickeln. Diese lässt man sich von Anwaltskanzleien und anderen Think-Tanks direkt in die Ministerialbürokratie liefern. Stromlinienförmig, ideologiegetestet und gegen teures Geld der Steuerzahler.

Was für die Außen- und Sicherheitspolitik zu beobachten ist, gilt auch für andere zentrale Bereiche:

- Dass Sozialstaatlichkeit, dass die Mühe um soziale Sicherheit für die große Mehrheit der Menschen ein epochenartiger gesellschaftlicher Fortschritt darstellte, ist aus den Köpfen und Herzen der heute handelnden Hauptpersonen verschwunden. Ihre Antwort war die Agenda 2010.
- Dass sich nur Reiche einen armen Staat leisten können, gilt nicht mehr als fester Bestandteil des gesellschaftlichen Wissens. Das goldene Kalb der neuen Zeit heißt »schwarze Null«.
- Dass Arbeit zu haben, arbeiten zu können, Angebote für die eigene Arbeitskraft zu erhalten und notfalls auch Nein sagen zu können, einen Riesenfortschritt brachte, dass wir dies der aktiven Beschäftigungspolitik und der dahinter steckenden Geisteshaltung zu verdanken hatten, ist nicht mehr im Bewusstsein. Verschwunden, zertreten, zerfleddert.

- Typisch für die Restauration ist die Flucht in den Stolz, Exportweltmeister zu sein. Gedankenlos. Primitiv und voller Folgen. 1967 hat der damalige Bundeswirtschaftsminister diesen Irrglauben zerpflückt.[1] Heute wird der Irrglaube von höchster Stelle gepflegt.

Lauter Beispiele für Restauration und Rückschritt. Es gibt auch Beispiele für Fortschritte. Im Bereich der individuellen Freiheiten. Mehr Rechte für Frauen. Mehr Rechte für gleichgeschlechtliche Partnerschaften. Das ist alles wichtig. Aber dieser Fortschritt macht die Restauration auf den anderen Feldern nicht wett.

Hoffnung für eine neue Wende in der Weltgeschichte?

Sie könnte kommen, wenn das Potenzial von jungen Menschen wächst, denen die Beschäftigung mit dem Wohl aller so viel Spaß macht, dass sie sich sachverständig machen.

Allzu optimistisch kann man angesichts der Machtverhältnisse und des Verschwindens kritischer Medien nicht sein.

Google Eingabe »Trump Nato«. Und das sind die ersten Ergebnisse:

- **Zahl der Unsicherheitsfaktoren wächst: Wie Trump die Nato »obsolet ...** www.n-tv.de

  Donald Trump weiß nicht einmal, wie viele Mitglieder die Nato hat. Trotzdem ist er entscheidend für die Zukunft des Militärbündnisses. Er fügt ...

  Donald Trump: Nato ist »obsolet«, Strafzölle gegen BMW, Brexit war ... www.spiegel.de

  In einem Zeitungsinterview bezeichnet Donald Trump die Flüchtlingspolitik der deutschen Kanzlerin als »katastrophalen Fehler«. Die Nato ...
- **Nato verwundert nach Donald Trumps Interview – Politik ...** www.sueddeutsche.de

Die Äußerungen des künftigen US-Präsidenten Donald Trump haben bei der Nato für Irritationen gesorgt.

› **Donald Trumps Interview: Nato besorgt über Trumps Äußerungen …** www.zeit.de

Die Äußerungen des künftigen US-Präsidenten Donald Trump haben bei der Nato für Irritationen gesorgt. Die Organisation habe die Erklärung, …

› **Trump bezeichnet Nato als »obsolet«…** FOCUS Online Der künftige US-Präsident Donald Trump hat das Verteidigungsbündnis Nato als »obsolet« bezeichnet.

› **Bündnis versucht, Sorgen zu zerstreuen: »Trump ist NATO-Fan« – sagt die NATO …** tagesschau.de

Mal nannte er sie gut, mal zu teuer, mal überflüssig – im Wahlkampf hatte Donald Trump so einiges über die NATO gesagt. Was davon gilt nun …

Höhere Rüstungsausgaben wegen Trump? Es ist an der Zeit, die Weichen neu zu stellen

19. Januar 2017/von Jens Berger

»Europa [sei] alarmiert«, meldete vorgestern nicht minder alarmiert Spiegel Online.[2] »Weil Trump die Bündnistreue der USA in Frage stellt«, seien höhere Rüstungsausgaben erforderlich. Ein neuer »Universalkampfjet« von Airbus käme da zum Beispiel in Frage. Dies ist der jüngste Vorstoß einer ganzen Reihe von Artikeln[3] in den deutschen Massenmedien, die dem Leser weismachen wollen, durch den Sieg Donald Trumps sei eine Erhöhung des deutschen Wehretats im Grunde zwangsläufig, also alternativlos. Doch das ist keinesfalls so. Die Rüstungslobby drängt vielmehr seit Langem darauf, dass Deutschland seine Rüstungsausgaben erhöht. Die Präsidentschaft Trumps ist da nur ein Vorwand von vielen. Gerade im Wahljahr sollten wir da auf der Hut sein!

Es ist noch gar nicht so lange her, da haben wir noch von »Friedensdividende« geträumt. Der Kalte Krieg war Geschichte, ein neues friedliches Europa sollte entstehen und Feinde, vor denen unsere Verteidigungsarmee uns beschützen sollte, waren selbst am Ende des Horizonts nicht in Sicht. Und in der Tat – seit 1989 konnte Deutschland seinen Wehretat von 2,7 Prozent auf 1,2 Prozent des Bruttoinlandsproduktes mehr als halbieren. Damit liegt Deutschland jedoch immer noch sehr deutlich über den Etats unserer »blockfreien« Nachbarn in der Schweiz und Österreich, die beide bei 0,7 Prozent des Bruttoinlandsproduktes liegen. Ohne die »substanziellen Etatsteigerungen«, die Angela Merkel schon im Wahlkampf 2005 »versprochen« und dann als Kanzlerin an der Seite der SPD auch umgesetzt hat, läge der deutsche Wehretat heute wohl unter der Ein-Prozent-Marke.

Militärausgaben in Deutschland

Die Entwicklung der Verteidigungsetats in BRD, DDR und Gesamtdeutschland ab 1990.

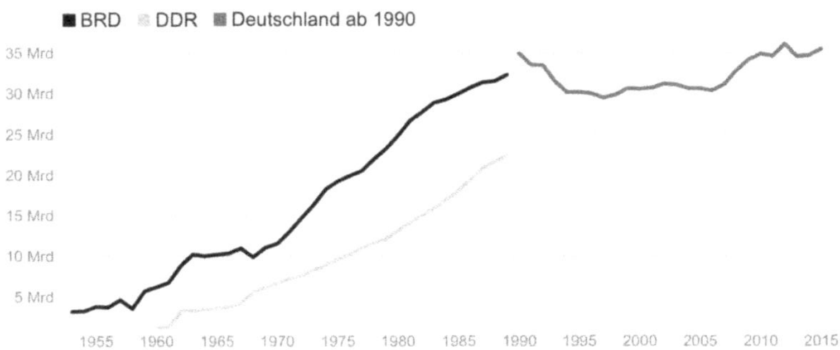

(Angaben für die DDR in DDR-Mark, ansonsten umgerechnet in Euro)

Quelle: Sipri

Quellen: n-tv.de, chr/dpa

Die Milliarden Euro, die der deutsche Wehretat nach Ansicht der Rüstungslobby noch Luft nach oben hätte, wecken natürlich Begehrlichkeiten. Zum Vergleich: Großbritannien gibt 2,0 Prozent, Frankreich 2,1 Prozent und die USA geben sogar 3,3 Prozent ihres

Bruttoinlandsproduktes für das Militär aus. Vor allem für Washington ist diese Schieflage immer wieder ein Grund, um über einen »fairen Lastenausgleich« zu debattieren. Natürlich will man satte Aufträge für die eigene Rüstungsindustrie und möglichst schlagkräftige Truppen unter US-Kommando ... aber die Rechnung dafür sollten doch bitte nicht die Amerikaner, sondern die Verbündeten zahlen. »Zum Glück« kam dann die Ukraine-Krise und die USA konnten 2014 im Zusammenspiel mit der europäischen Rüstungslobby auf dem NATO-Gipfel in Wales eine Zielmarke von 2,0 Prozent für die nationalen Militärausgaben durchdrücken. Während Länder wie Kanada (1,0 Prozent), Spanien (1,3 Prozent) oder Italien (1,2 Prozent) die Vorgaben geflissentlich ignorieren, erweist sich Angela Merkel einmal mehr als größte Erfüllungsgehilfin Washingtons und kündigte sehr zur Freude der Rüstungsindustrie im Juni letzten Jahres zum wiederholten Male an[4], sie wolle sich dafür stark machen, die deutschen Rüstungsausgaben wieder einmal »substanziell« zu erhöhen. Von derzeit 37 Milliarden Euro sollen sie sich in den nächsten Jahren demnach rund verdoppeln.

Um es noch einmal ganz klar zu sagen: Die neue Konfrontationspolitik hat ebenso wie die von Angela Merkel und den Transatlantikern geforderte Erhöhung der Militärausgaben eine lange Vorgeschichte und ist keine Reaktion auf die Ukraine-Krise und schon gar keine Reaktion auf ein paar vielleicht missverständliche Äußerungen des kommenden US-Präsidenten. Letztere werden, ebenso wie die Ukrainekrise, vielmehr von interessierter Seite als Vorwand genommen, um vermeintlich neuen Wein in den immer gleichen alten Schläuchen unters Volk zu bringen.

Zu Trumps jüngsten Äußerungen zur NATO, die nun als Begründung für höhere Militärausgaben herhalten müssen, hatte Albrecht Müller gestern schon einiges geschrieben. Im Kontext der Budgetfrage wäre noch zu ergänzen, dass Trumps Aussagen alles anders als neu sind und ziemlich schräg interpretiert werden. Natürlich will Trump die NATO nicht auflösen und natürlich will er die Bündnistreue der USA nicht in Frage stellen, wie es Spiegel Online formuliert hat. Trump will ganz einfach eins: Geld. Er hatte im Wahlkampf mehrfach klipp und klar gesagt, dass die »reichen« Verbündeten der USA künftig bei den Verteidigungskosten stärker herangezogen werden. Damit meinte er vor allem Japan (1,0 Prozent) und Deutschland (1,2 Prozent), zwei Länder, zu denen die USA zudem ein massives Leistungsbilanzdefizit haben. Nun so zu tun, als brüskiere Trump Merkel, ist freilich absurd, da es ja der dringlichste Wunsch von Merkel, von der Leyen, Özdemir, Steinmeier, Gauck und Co. ist, endlich »wieder« mitmischen und am Rockzipfel des US-Imperiums Weltpolitik auch militärisch »mitgestalten« zu dürfen. So gesehen kommt Trump den Transatlantikern sogar sehr gelegen.

Es ist ja nicht so, dass die USA nun abrüsten wollten und Deutschland plötzlich alleine und verlassen und von Feinden umringt dastehen würden. Trump will nicht weniger, sondern viel mehr Geld in Rüstung stecken, er will ein Raketenabwehrsystem bauen und Reagans SDI-Programm neu aufleben lassen. Dass es für diese Pläne sinnvoll ist, Budgets umzuschichten und willfährige Helfer wie Merkels Deutschland stärker zu beteiligen, liegt auf der Hand. Es ist jedoch fatal, hieraus eine Zwangsläufigkeit zu konstruieren. Dass morgen schon der Russe vor der Tür steht, nur weil wir unser Geld in die Bildung und nicht ins Militär stecken, glaubt ja noch nicht einmal Josef Joffe … und das will was heißen.

Bevor wir jetzt unsinnige Automatismen in Gang setzen, nur um noch unsinnigeren Budgetwünschen der Rüstungskonzerne entgegenzukommen, sollten wir lieber für einen Moment innehalten und uns eine grundsätzliche Frage stellen: Trump »droht« damit, Europa den Europäern zu überlassen? Abgesehen davon, dass dies eher nach einem ziemlich unglaubwürdigen Bluff klingt, wäre dies doch bei nüchterner Betrachtung der Hauptgewinn. Die USA ziehen ab, bauen ihre Star-Wars-Gadgets und Europa kann endlich zusammenwachsen und die Friedensdividende in Anspruch nehmen. Wie stand es so schön im Berliner Programm der

SPD: »Unser Ziel ist es, die Militärbündnisse durch eine europäische Friedensordnung abzulösen.« Das wäre doch mal ein schönes Ziel, das heute in Deutschland jedoch nur noch von Sahra Wagenknecht hochgehalten[5], jedoch sicherlich auch von sehr sehr vielen Menschen geteilt wird. Schauen wir mal, ob Angela Merkel ihr Militarismus nicht im Wahlkampf noch auf die Füße fällt.

Panorama manipuliert und driftet ins rechte Lager der Militaristen mit einem Lob für die Politik der Abschreckung und der Atombomben[6]

3. Februar 2017/von Albrecht Müller

Ein NachDenkSeiten-Leser schrieb gerade: »Leider oder besser glücklicherweise habe ich nur die letzten 5 Minuten gesehen, aber die haben gereicht, um Wut und Entsetzen zu erzeugen. Eine derartig einseitige und hetzerische Berichterstattung in einer Sendung, die ich früher einmal als Politikmagazin geschätzt hatte, erschreckt zutiefst.« Der Abspann von Moderatorin Reschke lautete: »Hat Panorama eben eine deutsche Atombombe zur Debatte gestellt?« So ist es, mithilfe eine Abfolge von Manipulationen.

1. Es wird so getan, als beruhe die Sicherheit unseres Landes und Europas durchgehend auf Abschreckung. Kein Wort zum Erfolg der Friedenspolitik von 1989/1990 und der Verabredung gemeinsamer Sicherheit und einer Partnerschaft mit Russland, auch einer NATO Partnerschaft mit Russland. Typisch die Einlassung von Frau Reschke gleich zu Beginn, seit 70 Jahren verdankten wir unsere Sicherheit den USA. Schon seit den siebziger Jahren verdanken wir unsere Sicherheit der Abbau der Konfrontation und gemeinsamer Sicherheitskonzepte wie der KSZE und OSZE. Diese wurden dann später

vom Westen infrage gestellt und de facto aufgekündigt, nicht von Russland.
2. Einseitige Schuldzuschreibung an Russland, das den Frieden in Europa bedrohe.
3. Kein Wort zur in den letzten Jahren betriebenen Modernisierung der Atomwaffen auf dem deutschen Stützpunkt Büchel.
4. Kein Wort zu der Truppenverlegung des Westens an die russische Grenze.
5. Kein Wort zu der den Verabredungen von 1990 widersprechenden Ausdehnung der NATO bis an die Grenze Russlands.
6. Drei sogenannte Experten, alle aus dem gleichen Lager militaristischer Atlantiker: ein mir unbekannter Ulrich Kühn von der »Carnegie Stiftung für internationalen Frieden«, ein ebenso unbekannter Jan Techau von einer »American Academy« und der einschlägig bekannte Präsident der einschlägig als kalter Krieger bekannten Bundesakademie für Sicherheitsfragen, Karl-Heinz Kamp – geprägt von der Konrad-Adenauer-Stiftung, von Tätigkeiten für die NATO und verbunden mit der früheren Außenministerin der USA Albright. – Diese Herrschaften werden als neutrale Fachleute in den Streifen von Panorama eingebaut. Vor allem Kühn führt sich als Scharfmacher auf. Er behauptet zum Beispiel, im Kalten Krieg sei eine Strategie entstanden, die bis heute gelte, die Strategie der Abschreckung.
7. Weil der neue Präsident der USA zwischendurch mal Zweifel an der Weisheit der NATO geäußert hat, kommen die sogenannten Fachleute und kommt die Sendung insgesamt zum Schluss, dass wir möglicherweise eine deutsche Atombombe oder eine europäische Atombombe zur Abschreckung gegen die Russen brauchen.

Diese Sendung ist ein erfolgreicher Kandidat für unsere Rubrik »Manipulation des Monats«.

Damit Sie die einschlägige Entwicklung des früher einmal aufklärenden Fernsehformats »Panorama« hin zu einem Lobbyorgan der Rüstungswirtschaft in der schlimmsten Variante der Atomrüstung erfassen können, sollten Sie sich den Streifen ansehen. Es sind nur neun Minuten. Neun Minuten um zu erfassen, wes Geistes Kind die Moderatorin Anja Reschke und ihre Redaktion sind.[7]

Rüstung statt Abrüstung. Das deutsche Volk lässt sich mehrheitlich grandios verführen, ohne aufzumucken.

17. Februar 2017 / von Albrecht Müller

Als im Jahre 1990 die Konfrontation zwischen West und Ost beendet war und man verabredet hatte, gemeinsam für Sicherheit zu sorgen, schrillten im NATO Hauptquartier in Brüssel alle Alarmglocken. Und bei der Rüstungswirtschaft auch. Dann hat man aber spätestens 1999 mit dem Jugoslawien Krieg neue Arbeit für die NATO gefunden und zugleich auch für die Bundeswehr. Und jedes Mal, wenn einer der vom Westen geführten Kriege sich zu Ende neigte, machte man sich Sorgen um die weitere Beschäftigung von NATO und Rüstungswirtschaft. Jetzt ist der große Durchbruch erzielt. Ursula von der Leyen gibt Trump recht und fordert zwei Prozent des Bruttoinlandsprodukts für die Bundeswehr.[8] Mit einer Palette von Tricks wird uns das Fell über die Ohren gezogen.

Auf einige dieser Tricks möchte ich Sie aufmerksam machen. Sie werden in den nächsten Tagen aus Anlass der Münchner Sicherheitskonferenz, die man auch »Münchner Aufrüstungskonferenz im Interesse der Rüstungswirtschaft« nennen könnte, weiteres zum Thema hören und sehen und Sie werden erleben, dass außer einer kleinen Minderheit von aufrechten Freunden der Demokratie und des Friedens ansonsten alles stumm bleibt: die Partei der Rüstungsministerin von der Leyen sinkt bei den Umfragen nicht in den Keller; Angela Merkel, die Chefin der militanten Verteidigungsministerin, erleidet keinen Imageeinbruch; die Mehrheit der Deutschen denkt, es geht uns gut, warum sollen wir dann über Rüstung meckern.

Ein Beleg dafür, dass manche Leute Angst vor dem Frieden haben:

Zur Einstimmung mache ich auf eine kleine Textpassage in einem *FAZ*-Artikel vom 21.9.2013 aufmerksam. Dort heißt es unter der Überschrift »Zurück zu den Wurzeln. Die NATO denkt über ihre Zukunft nach dem Abzug aus Afghanistan nach«.

Und weiter: »Die Nato sieht sich seit einiger Zeit mit einer Frage konfrontiert, die für ein Militärbündnis alles andere als belanglos ist: Was tun ohne Krieg? Ende nächsten Jahres will das Bündnis seine Kampftruppen aus Afghanistan abgezogen haben, die Rückverlegung der Truppen ist in vollem Gang. Kommt es nicht zu einem neuen Großeinsatz, und das ist wegen der Kriegsmüdigkeit im Westen wahrscheinlich, dann wird die Allianz zum ersten Mal seit mehr als zehn Jahren nicht mehr in einem bewaffneten Konflikt stehen. Vor allem den Militärs bereitet das Kopfzerbrechen. Wie soll man die Einsatzfähigkeit erhalten, wenn die Truppen wieder in den Kasernen zurück sind, fragen sich die führenden Offiziere. **Eine erste, für Außenstehende vielleicht etwas überraschende Antwort lautet: indem man eine Schlacht gegen Russland übt.**«

Der letzte Satz ist von mir gefettet. Sie üben die »Schlacht gegen Russland«. Und das Volk schaut zu. Mehrheitlich jedenfalls. Säbelrasseln wird nicht mehr bestraft. Auch die schlimmste Form nicht, auch die Planung von Atombewaffnung nicht.

Einige Tricks zur Beeinflussung, ehrlicher gesagt: zur Manipulation der Menschen:

Der erste Trick bestand darin, **ein altes Feindbild neu aufzubauen und eine Bedrohung zu konstruieren.**

Russland bot sich an. Schon alleine wegen der schon mehrmals erprobten Rolle, von den Nazis und dann nach dem Krieg vom konservativen Teil unserer Gesellschaft. Putin bot die Chance zur Personalisierung der Aggression. Das ist nahezu komplett gelungen und wird ständig unterfüttert durch Behauptungen wie zum Beispiel jene über Hackerangriffe.

Ein ergänzender Trick bei diesem Feindbildaufbau ist es, die Staaten an der Grenze zu Russland, also die baltischen Staaten und Polen, die mit Recht oder Unrecht Rechnungen mit Russland offen haben, als Katalysatoren zu benutzen.

Der zweite Trick: Ein paar Bemerkungen des neuen Präsidenten der USA über die angebliche Überflüssigkeit der NATO (= obsolet) wurden penetrant so interpretiert, als wäre Europa damit der Schutz der USA gegen Russland entzogen.

Das ist eine grandiose Überinterpretation und Falschinterpretation, aber sie wurde von mehreren Stellen gleichlautend und penetrant in die Köpfe und Herzen der Menschen geklopft. Dort blieb hängen: Mit Trump haben uns die USA verlassen, uns ihren militärischen und vor allem atomaren Schutz entzogen. Also müssen wir das selber machen. Also müssen wir massiv rüsten.

In der Wirklichkeit findet diese Erzählung keine reale Basis. Sie wird nur gebraucht und deshalb wird sie erzählt, um Geld für die Rüstung locker zu machen.

Der dritte Trick: Man sagt B und meint eigentlich A.

Am 29. Juli 2015 haben wir auf den NachDenkSeiten diese Methode beschrieben.[9] Sie wird gerne angewandt, so wie jetzt auch hier: es wird eine Debatte um die deutsche Atombombe vom Zaun gebrochen. Diese läuft in der *FAZ* und dann bei Panorama und dann im Deutschlandfunk und dann auch in der *Zeit*. Das Volk steht verwirrt beiseite, teilweise auch dagegen. Aber die eigentlich beabsichtigte Botschaft A: wir brauchen Militär und Rüstung gegen den neuen Feind, bleibt als berechtigt hängen.

Der vierte Trick wird uns gerade mit der Sicherheitskonferenz in München demonstriert: Rüstungspropaganda und Propaganda für militärische Einsätze unter einem falschen Label: Sicherheit. Und das auch noch auf unsere, der Steuerzahler Kosten.

Früher hieß die Münchner Sicherheitskonferenz »Wehrkundetagung«. Das war eine einigermaßen ehrliche Bezeichnung. Dann wurde das Ding in Sicherheitskonferenz umbenannt. Und das ist dann keine ehrliche Bezeichnung mehr, jedenfalls für einen größeren Teil dessen, was dort in München passiert. Ich erinnere an die gleichlautende Propaganda von Bundespräsident Gauck, Außenminister Frank-Walter Steinmeier und Verteidigungsministerin von der Leyen. Sie forderten vor zwei Jahren unisono, Deutschland müsse mehr Verantwortung in der Welt übernehmen. Da konnte man als verantwortungsbewusster Mensch ja noch mitfühlen. Aber gemeint und auch so insinuiert war damals schon Verantwortung durch militärische Einsätze.

Diese Propaganda wird zu einem beachtlichen Teil aus öffentlichen Mitteln finanziert. Dabei handelt es sich nicht um eine öffentliche Konferenz und auch nicht um eine von einer öffentlichen Instanz ausgerichtete Konferenz. Die Rüstungswirtschaft lässt sich vom Steuerzahler ihre Lobbyarbeit auch noch bezahlen.

Wir sind schon ganz schön blöd.

Trump, Trump, Trump … und wenn der Theaterdonner sich verzogen hat, bleibt uns vor allem eins: höhere Rüstungsausgaben

20. Februar 2017 / von Jens Berger

Wer am Wochenende die Münchner Sicherheitskonferenz samt medialem Beiprogramm verfolgt hat, fühlte sich vor allem an ein Stück absurdes Theater erinnert. Während der Protagonist sich im fernen Washington Sorgen darüber machte, was »letzte Nacht in Schweden« geschah, spekulierten die Weißes-Haus-Astrologen im Umfeld der Münchner Sicherheitskonferenz, was der prominente Personalwechsel in Washington nun für die »transatlantische Sicherheitsarchitektur« bedeute. Nichts, das wurde schnell klar, wenn man sich die Reden des neuen Verteidigungsministers Mattis und des neuen Vizepräsidenten Pence angehört hat. Bemerkenswert war indes das freudige Bekenntnis »unserer« Verteidigungsministerin zu höheren Rüstungsausgaben. Ganz nach dem Motto: »Wir machen das schon, nun wartet doch noch ein Jahr ab, wir haben schließlich im Herbst Wahlen, da können wir jetzt nicht so offen reden«. Ist das »unser« Verständnis von Demokratie? Und was sagen eigentlich die potentiellen Koalitionspartner der CDU zu dieser vorweggenommenen Budgetentscheidung einer noch nicht einmal gewählten kommenden Regierung?

»Wir haben verstanden«[10] – was in Ursula von der Leyen gefahren ist, ausgerechnet den Werbeslogan der mit Steuermilliarden geretteten Commerzbank als Überschrift für ihren Aufsatz zur Münchner Sicherheitskonferenz in der *Süddeutschen Zeitung* zu wählen, wird wohl ewig ihr Geheimnis bleiben. Alleine schon die Illustration ihres Gastartikels lässt Böses ahnen. Umrahmt von Panzern, Soldaten und Transportflugzeugen wirft unsere oberste Soldatin einen kühlen, aber entschlossenen Blick auf eine unter dem roten Stern versteckte Stadtsilhouette, aus der statt Kirchtürmen Raketen ragen. Kalter Krieg reloaded. Es gibt Dinge, die sollten eigentlich selbst »Flinten-Uschi« zu peinlich sein. Aber ok.

Mindestens genauso fragwürdig ist jedoch der Inhalt ihres Gastartikels. Von einer Friedensdividende ist da die Rede, die »wir« genossen haben, während unsere guten Freunde jenseits des Atlantiks viel Geld dafür bezahlt haben, dass wir diese Dividende überhaupt ausgezahlt bekommen. Doch nun haben »wir« undankbaren Deutschen verstanden. »Wir« müssen aufrüsten, »uns« stärker engagieren und in Europa zur Hegemonialmacht für kleinere Staaten werden. »Wir« wollen ja schließlich nicht undankbar sein und zurückgeben, was uns unsere Freunde aus Amerika erst ermöglicht haben. Geschenkt gibt es das Alles natürlich nicht. Da müssen »wir« schon Geld in die Hand nehmen.

In von der Leyens Eröffnungsrede in München hörte man den gleichen Nonsens. »Wir haben verstanden«, »wir haben die Vorzüge einer Sicherheitsdividende genutzt« und jetzt müssen »wir in Sicherheitsrücklagen investieren«. Von der Leyen schlug auf und der Ball lag nun bei US-Verteidigungsminister Mattis, der dies natürlich nur allzu gerne hörte und seine Kollegin pflichtschuldig daran erinnerte, diesen hehren Worten doch auch Taten folgen zu lassen und das Militärbudget auf die »vereinbarte« 2-Prozent-Marke zu erhöhen. Gemeint ist hiermit, dass die NATO-Staaten ihr Verteidigungsbudget auf 2,0 Prozent des Bruttoinlandsproduktes anheben sollen; eine ebenso willkürliche wie unsinnige Marke, die nur von den USA, Großbritannien, Estland und paradoxerweise Griechenland eingehalten und von den meisten NATO-Staaten geflissentlich ignoriert wird. Sollten die Europäer ihre »Anstrengungen« nicht erhöhen und die 2-Prozent-Marke ernst nehmen, so Mattis, würden die USA ihr »Engagement« in der NATO verringern; und dieser verlockende Satz wird interessanterweise von den transatlantischen Journalisten quer durch die Zeitungslandschaft als »Drohung« bezeichnet.

Wie beim Pingpong landete der Ball nun also wieder bei Ursula von der Leyen, die freilich genau dies im Sinne hatte. Man solle doch Verständnis für Deutschland haben, schließlich würde in diesem Jahr gewählt und es dauere halt ein wenig, bis der neue Haushalt verabschiedet sei. Vielleicht sei dies »auch erst am Anfang des nächsten Jahres« der Fall. Aber Steigerungen wird es natürlich geben; so oder so. Angela Merkel warf in München sogar eine Zahl in die Runde: Acht Prozent, so die Kanzlerin, sei die Zielmarke, um die man die Militärausgaben jährlich steigern wolle. Gerade so als sei eine jährliche Steigerungsrate von acht Prozent nur Peanuts, ergänzte Merkel noch, »mehr können sie faktisch nicht machen«. Nur gut, dass wir ja in »postfaktischen Zeiten« leben, möchte man da sarkastisch hinzufügen.

Und was ist nun mit diesem »Verrückten«, vor dem *Spiegel* und CO. uns täglich warnen? Wenn Trump auch nur im Ansatz so »verrückt« ist, wie die Herren Edelfedern es darstellen, kann es doch nicht Ziel einer souveränen Politik sein, immer mehr Geld dafür auszugeben, um sich immer enger an diesen »Verrückten« zu binden. Von Trump war abseits der boulevardesken Begleitberichterstattung jedoch in München erstaunlicherweise kaum die Rede gewesen. Der gleiche alte Wein in neuen Schläuchen war vielmehr das Motto. Es ging vor allem darum, immer mehr und mehr Geld für Rüstung auszugeben. Verteidigungsminister Mattis und Vizepräsident Pence haben sich da – wenn überhaupt – nur in Nuancen von ihren im München aufgetretenen Vorgängern Hillary Clinton, Joe Biden und John Kerry unterschieden. Die »große Kluft« zwischen Washington und Berlin scheint eher ein »Narrativ«, also eine Geschichte der Medien zu sein. Zumindest die in München vertretenen Spitzenpolitiker haben nicht eben den Eindruck vermittelt, dass es sowas eine Kluft geben könnte.

Ich habe da eher den Eindruck, als sei das ganze Gerede vom »Verrückten« in Washington und der »großen Kluft« eher eine schöne Geschichte, um dem Volk wieder einmal eine Politik anzudrehen, die ganz und gar nicht im Interesse des Volkes ist. Die meisten von uns haben ganz andere Sorgen als die angebliche

»Bedrohung der NATO-Ostflanke« durch den ewig bösen Russen und islamistischen Terror in Nahost. Aber wie soll die Rüstungslobby ohne derlei Schauergeschichten den Wähler davon überzeugen, noch mehr Geld für Rüstung locker zu machen?

Die europäischen NATO-Staaten geben schon heute mehr als dreimal so viel für das Militär aus wie Russland und die USA sogar zehnmal so viel. Rein logisch sollte man da doch darüber diskutieren, wie viel weniger Geld man für das Militär ausgeben sollte; schließlich ist es ja nicht so, dass es sonst keinen sinnvollen Verwendungszweck für das viele schöne Geld gäbe. Aber nein. Paradoxerweise ist es laut den Damen Merkel und von der Leyen bereits abgemachte Sache, dass wir nicht weniger, sondern deutlich mehr Geld für Rüstung und Militär ausgeben werden. Doch darüber spricht niemand.

Allenthalben geht es nur um Trump, Trump, Trump und nochmals Trump. Weil Trump unzuverlässig sei, müssten wir selbst Verantwortung übernehmen. Und Verantwortung ist nur ein anderes Wort für Geld. Da freut sich die Rüstungslobby dies- und jenseits des Atlantiks und da freut sich die Pickelhaubenfraktion, die Deutschland ja schon immer zu seiner angestammten Rolle als »Groß- und Schutzmacht« Europas zurückführen wollte.

Und was bleibt, wenn wir alle endlich eingesehen haben, dass sich durch den Personalwechsel im Weißen Haus gar nicht so viel geändert hat und der Theaterdonner rund um den Hanswurst mit den orangenen Haaren gelichtet hat? Merken wir dann, dass dieses absurde Theaterstück uns um unsere »Friedensdividende« gebracht hat und wir wieder einmal mehr Geld für Panzer und Haubitzen als für Kindergärten und Schulen ausgegeben haben? Und derweil stehen wieder deutsche Landser im Baltikum.

Was sagen eigentlich die potentiellen künftigen Koalitionspartner der beiden Rüstungsfreundinnen Merkel und von der Leyen zu den schon feststehenden Budgetzusagen für die Rüstungslobby? Sowohl von der SPD als auch von den Grünen hört man dazu erstaunlicherweise nichts Substanzielles. Es ist ja auch erstaunlich. Ich dachte immer, man wählt Abgeordnete und Parteien, die dann gemäß des Wählervotums ihr Wahlprogramm umsetzen und den Bundeshaushalt anhand dieses Programms – und natürlich der Kassenlage – festlegen. Wenn bereits »abgemacht« ist, dass der Rüstungsetat künftig Jahr für Jahr um stolze acht Prozent steigt, dann sollten die Wähler aber bitte auch erfahren, welche Ressorts dann weniger Geld bekommen. Das sind die Fragen, die den Wähler interessieren sollten – und nicht das Theater rund um Trump, Trump, Trump. Aber wahrscheinlich ist es auch so, wie Albrecht Müller am 17. Februar zu diesem Thema geschlussfolgert hat: Wir sind schon ganz schön blöd.

Der Ruf nach einer deutschen Atombombe – wir stehen am Beginn einer Kampagne, die uns noch längere Zeit beschäftigen wird

22. März 2017/Jens Berger

Zu Albrecht Müllers kritischem Beitrag über den abscheulichen NDR-Panorama-Beitrag vom 2. Februar dieses Jahres, in dem das Magazin manipulativ die Notwendigkeit einer deutschen Atombombe ausmalt, haben wir sehr viele konstruktive Zuschriften von unseren Lesern bekommen. Das ist wunderbar, zeigt es doch, dass die Falken beim Thema »deutsche Atombombe« eine klare rote Linie überschreiten. Und es ist wichtig, dies der Politik zu zeigen, ist doch die Sorge vor der öffentlichen Empörung der einzige Schutz vor einem neuen nuklearen Rüstungswettlauf auf deutschem Boden. Die Kampagne für eine nukleare Bewaffnung Deutschlands ist offenbar hinter den Kulissen bereits im Gange und Trumps Wahlsieg war wohl der lange gesuchte Aufhänger, um eine längst vergessene Irrsinnsdebatte wieder aufleben zu lassen.

Adenauers Träume

Heute wird gerne vergessen oder verdrängt, dass es der jungen Bundesrepublik keinesfalls vorherbestimmt war, nie eine Atommacht zu werden. Konrad Adenauer hätte die junge BRD, angefeuert durch Franz Josef Strauß, liebend gerne atomar bewaffnet.[11] Der 25. März 1958 markierte dabei den vorläufigen Höhepunkt und gleichzeitig auch das Ende dieser Ambitionen. Nach einer langen, sehr emotionalen Debatte beschloss damals der Deutsche Bundestag die atomare Ausrüstung der Bundeswehr im Rahmen der NATO. Dazu wäre es nie gekommen, hätten sich Adenauer und Strauß durchgesetzt. Die beiden Unionspolitiker wollten eine deutsche Atombombe, über deren Einsatz in Bonn und nicht in Washington entschieden wird. Da ein deutsches »Solo-Projekt« von den Siegermächten nicht bewilligt worden wäre, suchte und fand man den entscheidenden Partner im schwachen französischen Premier Félix Gaillard, mit dem man bei den Verhandlungen über eine deutsch-französische Bombe schon einig war. Dann kam es zu einer weiteren Ausweitung des Algerienkrieges und die Vierte Republik stand am Rande eines Militärputsches, der nur durch die Machtübernahme von Charles de Gaulle abgewendet werden konnte. Mit der Gründung der Fünften Republik starb jedoch auch die deutsche Hoffnung auf eine gemeinsame Bombe. De Gaulle dachte gar nicht daran, die Deutschen an der späteren Force de frappe zu beteiligen.

1960 zündete Frankreich in der algerischen Wüste seine erste Atombombe und rückte damit neben den USA, der Sowjetunion und Großbritannien in den Klub der Atommächte auf. De Gaulle forderte nun von den USA, den Franzosen auch die US-Bomben, die auf französischem Boden stationiert waren, zu unterstellen. Die USA lehnten ab und Frankreich trat 1966 aus den operativen Strukturen der NATO aus.

Die deutschen Atombombenträume sollten sich zum Glück jedoch nie erfüllen. Stattdessen erhielt die Bundesrepublik die »nukleare Teilhabe«. Trägersysteme der Bundeswehr dürfen also taktische US-Bomben in ihr Ziel befördern – die Abschusscodes verbleiben jedoch bei den USA. »Da lässt man den kleinen Kasperl mit der Kindertrompete neben der Militärmusik herlaufen und ihn glauben, er sei der Tambourmajor« – so unverblümt kommentierte Franz Josef Strauß in seinen Erinnerungen das Konzept der nuklearen Teilhabe.[12] Strauß konnte sich jedoch zeitlebens nicht durchsetzen und seit der Auflösung des Warschauer Paktes wurde es naturgemäß auch ruhig an der Front der Befürworter einer deutschen Atommacht.

Die Debatte kehrt zurück

Wie von Geisterhand nahm die längst vergessen geglaubte Debatte jedoch spätestens im letzten Jahr wieder Fahrt auf. Hinter den Kulissen wurde eine nukleare Aufrüstung Deutschlands immer wieder in Think Tanks und auf wehrtechnischen Kongressen am Rande thematisiert. Nun schwappte die Debatte aber – wenn auch noch zaghaft – in die Öffentlichkeit.

Bereits kurz nach Trumps Wahlsieg dachte FAZ-Mitherausgeber Berthold Kohler schon mal »das ganz und gar Undenkbare«[13] vor, forderte eine »Revision« der deutschen Sicherheitspolitik bis hin zu einer »roten Linie«, die »für deutsche Hirne ganz und gar undenkbar« sei – die »Frage der eigenen nuklearen Abschreckungsfähigkeit«. Schließlich sei auf »Amerikas Garantien« kein Verlass und die französischen und britischen Arsenale seien dafür zu schwach, während »Moskau aufrüste«. Kohlers Aufsatz ist geradezu typisch für eine ganze Reihe ähnlicher Schriften. Russland wird dämonisiert und es wird bar jeder Grundlage vorausgesetzt, dass »Putin« schon morgen mindestens im Baltikum, wenn nicht gar in Polen oder gleich in Deutschland »einfallen« könnte. Davor könnten »wir« uns nur schützen, wenn »wir« eine eigene »Abschreckungskapazität« besitzen.

Diese Logik hinkt aber selbst dann, wenn man sich in die Denkgebilde der MAD-Strategen hineinversetzt. Die unsinnige

Behauptung vom Russen, der mal wieder vor unserer Tür stünde und nur darauf wartet, sich Europa unter den Nagel zu reißen, kann man dabei getrost beiseitelassen. Derlei dummes Gerede ist nicht satisfaktionsfähig. Kohler und Co. sollten jedoch auch einmal die Frage beantworten, warum die US-Garantien plötzlich nichts mehr wert sein sollen und warum es eine deutsche Bombe braucht … sind Großbritannien und Frankreich denn nun auch von einem Tag auf den anderen unzuverlässig geworden?

Panoramas Erstschlag

Eine »Steilvorlage« für die Falken lieferte Donald Trumps falsch verstandene Äußerung von der Obsoleszenz der NATO. Natürlich ist Trump kein Isolationist, der plötzlich auf die Idee kommt, dass es nach dem Ende des Kalten Krieges keine NATO mehr bräuchte oder die NATO in eine neue Sicherheitsarchitektur überführt werden müsste, die nun auch Russland beinhaltet. Trump geht es »nur« darum, den Rest der NATO stärker zur Kasse zu bitten – ein Ruf, der von Aufrüstungsfreunden wie Angela Merkel und Ursula von der Leyen nur zu gerne gehört wird. Mit den Garantien aus dem NATO-Vertrag hat dies jedoch nichts zu tun und als Argument für eine deutsche Atommacht eignet es sich schon gar nicht.

Dennoch nahm die Debatte nun endgültig an Fahrt auf. Zwei Wochen nach Trumps Äußerungen führte Panorama den publizistischen Erstschlag aus, brachte die Kampagne vor ein Millionenpublikum und löste damit eine ganze Lawine aus. Drei Tag nach der Ausstrahlung forderte plötzlich der starke Mann Polens, Jarosław Kaczy ski, in einem *FAZ*-Interview die deutsche Bombe – die europäische Atommacht »[müsse] mit Russland mithalten können«, so der Pole. Zufall? Koinzidenz? Aber nicht doch. Es wirkt vielmehr, als sei Kaczyńskis Forderung sorgfältig orchestriert.

Major Terhalle – die Debatte wird schriller und irrer

Vier Tage nach Kaczyński eröffneten die Think Tanks die »nötige Atom-Debatte«[14]. Thorsten Benner vom Global Public Policy Institute (GPPi) empfahl der Bundesregierung, nach den Wahlen in Frankreich erst einmal auf die neue Regierung zuzugehen und eine Kooperation in Sachen Atommacht vorzuschlagen. Davon hält Major a.D. Maximilian Terhalle gar nichts. Der ehemalige Referent für Sicherheitspolitik und Strategie im Verteidigungsministerium machte im *Tagesspiegel* eine Woche vor der Panorama-Sendung bereits durch schrille und wirre Thesen auf die Debatte aufmerksam.[15] Putin wolle »das Trauma von 1991 revidieren« und Europa von Wladiwostock bis nach Lissabon mit seiner »Friedensordnung« überziehen – wie »zuletzt in der Ukraine«. Daher brauche Deutschland Atomwaffen, mit denen es »Putins Macht militärisch und damit nuklear« begrenzen kann. Wo bekommt der *Tagesspiegel* eigentlich solche Autoren her? Zufall? Kampagne? Absicht?

Ja, das ist starker Tobak und sicher auch genau so geplant. Gegen Terhalle wirken die beiden *Zeit*-Journalisten Peter Dausend und Michael Thumann mit ihrer Forderung nach einer »EU-Bombe«[16], die zwei Wochen nach der Panorama-Sendung veröffentlicht wurde, schon fast »seriös«. Aber genau das ist die Taktik. Ohne die irren Tiraden eines Maximilian Terhalle würden die Atomphantasien der *Zeit*-Männer ihrerseits komplett verrückt wirken – was sie ja auch sind. Neben Terhalle wirken sie jedoch schon beinahe gemäßigt – was im Sinne der Kampagne sein dürfte, aber für sich betrachtet natürlich Nonsense ist.

Oberst Kiesewetter – oder wie ich liebte, die Bombe zu lieben

Die Kampagne für eine atomare Bewaffnung Deutschlands ist übrigens beileibe kein Gedankenspiel, das nur von Journalisten gespielt wird, die zu viel Zeit haben und von Rüstungsfirmen über die Think Tanks zu viel Geld zugesteckt bekommen. Ein großer Fan der nuklearen Bewaffnung Deutschlands ist auch Roderich Kiesewetter, seines Zeichens Oberst a.D., Bundestagsabgeordneter der CDU, ehemaliger Obmann im NSA-Untersuchungsausschuss und Angehöriger unzähliger Wehrkunde- und Lobbyismus-Verbände.

Ginge es nach Kiesewetter würde die neue europäische Atommacht auf dem Gerüst der französischen Nuklearstreitkräfte entstehen. Dafür müsste Frankreich die Waffen der EU unterstellen und sie in der gesamten EU stationieren. Deutschland solle sich dafür im Gegenzug an der Finanzierung beteiligen. Aber dies sei nur der erste Schritt, eine Auflösung der Denkblockaden, so Kiesewetter. Zu einer echten Abschreckung gehöre dann auch eine gemeinsame Doktrin, die es ermöglicht, die Waffen auch in einem nicht-nuklearen Konflikt einzusetzen. »Dies sind politische Waffen. Ihr Gebrauch muss unvorhersehbar sein«, so der CDU-Abgeordnete. Nach eigenen Aussagen hat Kiesewetter für seine Atompläne sowohl von einigen »relevanten« Ministerien in Berlin, dem NATO-Hauptquartier als auch den Regierungen in Polen und Ungarn bereits Rückendeckung.

War »Panorama« nur ein Vortasten?

Es geht hier also um viel mehr als um eine schlechte Panorama-Sendung. Wir befinden uns mitten im Beginn einer Kampagne, die uns sicher auch noch lange begleiten wird. Klare Linien sind dabei noch nicht zu erkennen. Die »üblichen Verdächtigen« aus den transatlantischen Think Tanks halten sich einstweilen noch bedeckt, während vor allem Fußsoldaten aus dem Umfeld der »Deutschen Gesellschaft für Auswärtige Politik« (DGAP) die verbale Speerspitze bilden. Das wird sich aber sicher in den nächsten Monaten und Jahren noch ändern. Laut Jana Pulgerin von der DGAP sei es ohnehin »überraschend«, dass diese Debatte öffentlich geführt wird. Schließlich sei die Öffentlichkeit »komplett dagegen«.

Dieses Argument zieht sich auch wie ein roter Faden durch weitere Statements zum Thema. Auch Roderich Kiesewetter will lieber öffentlich nichts mehr zum Thema sagen und die beiden *Zeit*-Journalisten Dausend und Thumann gestehen ein, dass sämtliche Wahlkampfexperten von diesem Thema abraten. Das ist gut so und sollte auch so bleiben. Es kann leider kaum ein Zweifel daran bestehen, dass es einflussreiche Kreise in Deutschland gibt, die nach einer deutschen Atombombe streben. Wie weit diese Pläne bereits sind und ob die hier zitierten Artikel, Sendungen und Interviews nur ein zartes Vortasten sind, wie weit man schon gehen kann; oder ob die Kampagne schon gestartet ist und nach den Wahlen so richtig an Fahrt aufnimmt, ist momentan noch nicht absehbar. Wir bleiben auf jeden Fall am Ball. Und dafür brauchen wir Sie! Mailen Sie uns bitte auch künftig einschlägige Fundstücke, sodass wir sie unseren Lesern präsentieren und kommentieren können. Denn nur durch eine möglichst große und kritische Gegenöffentlichkeit lassen sich derlei Dummheiten vielleicht noch verhindern.

Der Tod kommt aus Amerika.
100 000 Tonnen schwer. Eine Botschaft für die Welt.

27. Juli 2017 / von Albrecht Müller

Manchmal hat meine Regionalzeitung, *Die Rheinpfalz* aus Ludwigshafen, eine wirklich aufklärende Aufmachung. So am vergangenen Montag auf der Titelseite mit diesem Bild und dem Text an der Seite:

100 000 Tonnen schwere Botschaft an die Welt

US-Präsident Donald Trump hat am Samstag die „USS Gerald R. Ford" in Dienst gestellt, einen neuen High-Tech-Flugzeugträger. Mit markigen Worten rühmte Trump die Stärke der USA und seiner Regierung: „Amerikanischer Stahl und amerikanische Hände haben eine 100.000 Tonnen schwere Botschaft an die Welt konstruiert: Amerikas Macht ist allen überlegen, und mit jedem Tag unter meiner Regierung werden wir größer und besser und stärker", sagte er an Bord des Schiffes auf der Marinebasis Norfolk im Bundesstaat Virginia. Die Entwicklung des neuen Flugzeugträgers hatte wegen der ausufernden Kosten für viel Kritik gesorgt, auch Trump hat früher einmal das Budget für das Kriegsschiff in Frage gestellt. Am Ende beliefen sich die Baukosten auf 12,9 Milliarden Dollar. |afp

SEITE 2

Die Rheinpfalz, 24. Juli 2017

Stellen Sie sich vor, der russische Präsident Putin würde auf einem Flugzeugträger erscheinen, ihn in Dienst stellen und Ähnliches sagen wie US-Präsident Trump: »Amerikanischer Stahl und amerikanische Hände haben eine 100 000 Tonnen schwere Botschaft an die Welt konstruiert: Amerikas Macht ist allen überlegen, und mit jedem Tag unter meiner Regierung werden wir größer und besser und stärker.«

»Russischer Stahl und russische Hände …«. Da wäre was los in den deutschen Medien. So nicht im Falle der USA. Das sind die Guten. Ein bisschen versteckte Kritik an Trump, weil er sich mit dem neuen Flugzeugträger inszenierte. Das ist alles. Keine bundesweite Empörung, obwohl darin eine grundlegende Änderung unserer Sicherheitslage sichtbar wird.

Weltherrschaft statt Gemeinschaft aller Völker, Konfrontation statt Entspannung. Das ist eine veränderte Weltordnung.

Die 100 000 Tonnen schwere Botschaft und die begleitenden martialischen Worte des US-amerikanischen Präsidenten sind in diesen Tagen der dritte Beleg dafür, dass die USA nicht mehr viel von Partnerschaft halten: Das amerikanische Repräsentantenhaus hat – parteiübergreifend – Sanktionen gegen Russland beschlossen, unter denen nicht nur Russland, sondern auch Europa leiden wird.[17] Und die USA haben deutlich gemacht, dass sie die

Gaslieferungen Russlands an Europa stören und mindern wollen; sie sind gegen die Pipeline Nordstream 2 und sie wollen die Lieferungen Russlands ersetzen durch eigene Flüssiggaslieferungen, um so ihrer Fracking-Wirtschaft den interessanten Absatzmarkt Europa zu öffnen.[18] Repräsentanten der USA sagen offen, was sie antreibt. America first! Sie suchen die Konfrontation mit Russland und mit Europa, und sie verlangen von Europa die Konfrontation mit Russland.

Wenn man noch klar denken kann, dann nennt man so etwas das Verhältnis des Kolonialherrn zur Kolonie.

Trump hat das nicht erfunden. Sowohl die Bereitschaft der USA zur Konfrontation und zum Krieg, als auch die vorrangige Durchsetzung der eigenen Interessen waren bei Obama und seinen Vorgängern auch schon gängig

Unter deutschen Medienschaffenden und auch beim Publikum ist es üblich geworden, die Kritik an den USA an dem neuen Präsidenten festzumachen und alles Elend, das von den USA ausgeht, mit ihm zu verbinden. Das ist eine träumerische Fehleinschätzung: die Kriege sind von Bill Clinton und von George W. Bush und von Obama schon geführt worden, sie haben weltweit interveniert, Millionen von Menschen heimatlos gemacht, Staaten unregierbar – Beispiel Libyen, Irak, Afghanistan. Auch sie haben schon die Konfrontation mit Russland gepflegt, so zum Beispiel Clinton mit dem Jugoslawien-Krieg von 1999. Obama hat seinen eigenen Teil mit der Forcierung des Drohnenkriegs beigetragen.

Die Politik der USA ist parteiübergreifend geprägt vom Weltmacht-Anspruch. Abweichungen davon sind auf Minderheiten und wenige führende Politiker beschränkt. Ich nenne als Indizien einige Belege für diese Einschätzung:

- Die rechtskonservative Victoria Nuland, die in der Ukraine-Krise eine scharfmachende Rolle spielte und spielt, war auch zu Zeiten des demokratischen Präsidenten Obama einflussreiche stellvertretende Außenministerin mit der Zuständigkeit für Eurasien.

- Rechtskonservative Republikaner wie der Ehemann von Victoria Nuland, Kagan, haben auch in der Zeit demokratischer Präsidenten großen Einfluss gehabt.
- Das gilt auch für Herrn Friedman von STRATFOR, der die Notwendigkeit betont, die Zusammenarbeit zwischen Deutschland und Russland zu stören.[19]
- Am 24. Juli 2017 konnten Sie in den Hinweisen der NachDenkSeiten einen Hinweis auf das parteiübergreifende Netzwerk CFR lesen. Ich zitiere:

> »**Das American Empire und seine Medien**
> Viele Führungspersonen und Top-Journalisten von nahezu allen bekannten amerikanischen Medien sind in das Netzwerk des einflussreichen Council on Foreign Relations (CFR) eingebunden.
>
> Gegründet 1921 als eine private, überparteiliche Organisation, prägt der CFR und seine knapp 5 000 renommierten Mitglieder seit Jahrzehnten die amerikanische Außenpolitik und deren mediale Darstellung. Ein bekanntes CFR-Mitglied erklärte einst, dass das Ziel tatsächlich die Etablierung eines »Imperiums« sei, allerdings eines »benevolenten«, das heißt »wohlwollenden«, Imperiums. …«

»Wohlwollendes« Imperium? – Wenn man die Folgen für die Welt und für Europa bedenkt, dann ist das Eigenschaftswort »wohlwollend« eher Propaganda als Realität. Vielleicht war es anders gedacht. Das sei durchaus zugestanden. Wir haben auch nicht nur schlechte Erfahrungen mit der amerikanischen Außenpolitik gemacht. Aber jetzt geht es um das Jetzt und die Zukunft, und da sieht es trübe aus.

Sind Europa und Deutschland, sind wir noch fähig dazu, uns gegen den von den USA ausgehenden Trend zu wehren,

und zu einer eigenständigen Politik zurückzufinden? Das sind für uns und unsere Zukunft entscheidende Fragen.

Da ist zunächst einmal zu notieren, dass die USA einzelne Länder und Einzelpersonen entscheidend zu beeinflussen vermögen. Polen, die baltischen Länder und andere in Südosteuropa, auch die Ukraine, sind deutlich erkennbar unter amerikanischem Einfluss und setzen auch auf diese Karte. Das heißt: tendenziell wird innerhalb der Europäischen Union und der NATO eine Politik, die von den Interessen und der Linie der USA Abstand nimmt, schwer durchsetzbar sein. Das wird sich jetzt konkret bei der Reaktion der Europäischen Union auf die geplanten weiteren Sanktionen gegen Russland und Iran zeigen.

Hinzu kommt der Einfluss der USA und der dort einflussreichen Kreise auf Politikerinnen und Politiker in Deutschland und Europa. Dem Grünen-Vorsitzenden Özdemir und dem einflussreichen früheren Spitzenpolitiker der Grünen Joschka Fischer ist nicht zuzutrauen, dass sie eine von den USA und deren Interessen abgelöste Politik in Deutschland und Europa betreiben. Joschka Fischer hat sich mit der früheren amerikanischen Außenministerin Madeleine Albright auch geschäftlich zusammengetan. Es ist aufschlussreich, dass er in der Frage der Gaslieferungen Russlands an Europa und Deutschland auf der anderen Seite des Atlantik steht.

Die personelle Verflechtung ist keineswegs nur auf die genannten Personen beschränkt. Schon das oben erwähnte Netzwerk CFR reicht nach Europa. Wie einflussreich die Transatlantiker bei uns hier sind, haben wir auf den NachDenkSeiten bei anderer Gelegenheit dargestellt.[20]

Wie wir in diesem Zusammenhang Angela Merkel einzuschätzen haben und zum Beispiel auch Frau von der Leyen und den Bundespräsidenten Steinmeier? Die Antwort ist ungewiss. Ich gehe in allen drei Fällen von großer Affinität zu amerikanischen

Interessen aus. Aber es wäre schön, das wäre eine Fehleinschätzung.

Wie auch immer: Es wäre wichtig, dass heute Menschen in die Politik gehen, die die Entwicklung der USA voll im Blick haben und auf jeden Fall mittelfristig für uns andere Perspektiven entwickeln. Dazu wäre es wichtig, dass endlich über diese Fragen in den Parteien wieder gestritten wird, dass sie ihrer vom Grundgesetz zu geeigneten Funktion, an der Willensbildung teilzunehmen, endlich wieder gerecht werden.

P.S.: Die Kriege der USA und des Westens und die Flüchtlingsfrage

Der 100 000-Tonnen-Flugzeugträger, den der US Präsident in Dienst gestellt hat, dient nicht nur der Abschreckung. Er wird wie die anderen Flugzeugträger und die etwa 700 US-Militärbasen überall auf der Welt dazu genutzt, Kriege zu führen. In der deutschen öffentlichen Debatte werden die Rolle dieser Kriege und ihre Bedeutung für uns in einem erstaunlichen Maße unter den Teppich gekehrt. Am deutlichsten wird das sichtbar bei der Debatte um die Flüchtlinge, die ihr Heil in Europa und insbesondere in Deutschland suchen. Dass Afghanen hierher flüchten, weil bei ihnen Krieg herrscht und ihre Lebensbasis zerstört hat, wollen wir nicht richtig wahrnehmen. Dass der Irak kaputtgebombt worden ist und deshalb von dort die Menschen fliehen. Dass der Syrienkrieg maßgeblich vom Westen initiiert worden ist, nicht nur von USA, sondern auch von Frankreich und von Großbritannien und Deutschland sich dort beteiligt, beziehen wir nicht in die Debatte ein, wenn wir über syrische Flüchtlinge reden. Und das gilt noch viel mehr für Libyen.

Wir sollten die Fluchtursache »Kriege des Westens« zur Sprache bringen, weil sie häufig ausgeblendet wird, obwohl sie die Hauptursache für die Fluchtbewegungen sind.

Anmerkungen

1 »Vom Niedergang der ökonomischen Wissenschaft und Publizistik – dargestellt an der Rentenpolitik und am makroökonomischen Unverstand«, nachdenkseiten.de, 12.05.2016. [15.08.2017]
2 »Europa alarmiert – Airbus hofft auf höhere Rüstungsausgaben«, Spiegel Online, 17.01.2017.
3 Siehe etwa: »Muss Berlin mehr Geld für Rüstung ausgeben?«, Faz.net, 10.11.2016.
4 »Merkel will Militärhaushalt fast verdoppeln«, n-tv.de, 22.06.2017. [15.08.2017]
5 »Wagenknecht plädiert für Verteidigungsbündnis mit Russland«, Zeit Online, 17.01.2017. [15.08.2017]
6 »US-Atombomben in Deutschland und Donald Trump«, NDR, 02.02.2017. [17.08.2017]
7 Auf den NachDenkSeiten haben wir übrigens früher schon einmal über Frau Reschke aufzuklären versucht: »Anja Reschke – Journalistin des Jahres? Unter den Blinden ist die Einäugige Königin. Die Medien schaffen es nicht, die Gründe für ihren Vertrauensverlust zu erkennen.«, Nachdenkseiten.de, 24.02.2016
8 »Wir Deutsche, wir müssen mehr tun«, tagesschau.de, 15.02.2017. [15.08.2017]
9 »B sagen und Botschaft A transportieren. Eine weitere Methode der Meinungsmache in der NachDenkSeiten-Serie (4)«, nachdenkseiten.de, 29.07.2015.
10 »Von der Leyen antwortet den USA: Wir haben verstanden«, SZ.de, 15.02.2017
11 »Adenauers Griff nach der Atombombe«, *Die Zeit*, 26.07.1996
12 Franz Josef Strauß: »Ich bekenne mich«, in: *Der Spiegel*, 39/1989.
13 »Das ganz und gar Undenkbare«, Faz.net, 27.11.2016. [18.08.2017]
14 »Germany's Necessary Nuclear Debate«, gppi.net, 10.02.2017. [18.08.2017]
15 »Deutschland braucht Atomwaffen«, tagesspiegel.de, 23.01.2017. [18.08.2017]
16 »Braucht die EU die Bombe?«, Zeit Online, 16.02.2017. [18.08.2017]
17 »Repräsentantenhaus billigt neue Sanktionen gegen Russland«, Zeit Online, 26.07.2017. [18.08.2017]

18 »Nord Stream 2 ist nicht Trumps Sache«, Faz.net, 24.07.2017. [18.08.2017]

19 Siehe hier ein Beitrag in den NachDenkSeiten mit einem Original-Statement von Friedman: »›Der Tod kommt aus Amerika‹ und die Bestätigung durch den Chef von STRATFOR«, Nachdenkseiten.de, 13.03.2015. [18.08.2017]

20 »Die US-nah organisierte Gleichschaltung wichtiger Leitmedien (Teil II zur Putin- Rede, Ukraine, etc.)«, Nachdenkseiten.de, 21.03.2014. [18.08.2017]

Wir sind die Guten! Strategien der Meinungsmache

»Wir gegen die Anderen« – Das Aufbauen von Feindbildern und Vorurteilen sind schon seit jeher erfolgreiche Methoden, um die Diskussion zu kapern und den eigenen Standpunkt zu legitimieren. Die Anderen sind dabei stets ohne jede Moral und Missachter der Menschenrechte, während »Wir« natürlich im Dienste des Guten und zum Wohl der Menschheit agieren. Wer daran zweifelt und unangenehme Wahrheiten ausspricht wird schnell zum »Verschwörungstheoretiker« ernannt. Nur wer die Methoden der Meinungsmache kennt, kann sich gegen die skrupellose Manipulation der großen Meinungsführer, die sich die Deutungshoheit über politische Fragen erkaufen, wehren.

Die USA sind Russland propagandistisch weit überlegen. Unterstützt von der deutschen Regierung, der Tagesschau, sogar von der TAZ, von Campact u.a.m.

27. September 2016/ von Albrecht Müller

Transporter mit Hilfsgütern für Aleppo werden zerstört. US-Außenminister Kerry macht sofort die Russen dafür verantwortlich. Ohne Beleg. Der deutsche Regierungssprecher schließt sich dem an. Der Widerspruch der Russen geht im allgemeinen Getümmel unter. – Die USA nennen die Luftangriffe der syrischen Luftwaffe auf den Osten Aleppos eine Barbarei. Dem folgen die deutsche Regierung, die Tagesschau und andere mehr. US-Vertreter fordern eine Flugverbotszone. Dem folgt der deutsche Außenminister Steinmeier, ohne Rücksicht auf die Erklärung des Generalstabschefs der USA, dass dies Krieg zwischen Russland und den USA bedeutet.

Alles ist Barbarei – was in Syrien geschieht, was in Irak geschieht, was in Libyen geschehen ist und geschieht, was in Afghanistan und in Saudi-Arabien geschieht. Und dennoch ist es möglich, in einer breiten Öffentlichkeit, die bis zur *taz* und zu Campact reicht, zu verbreiten, die Russen seien schuld an dem Elend von Millionen von Menschen. Und es ist mithilfe von viel Propaganda und Lobbyarbeit möglich, so zu tun, als sei das Elend in Syrien das einzige Elend in dieser Region und als sei dort die Misere erst mit der Intervention Russlands ausgebrochen.

Man kann an diesem Beispiel mehreres zeigen, was wir auf den NachDenkSeiten versuchen zu erklären – mit welchen Methoden manipuliert wird und dass die totale Manipulation möglich ist.

Manipulationsmethode: Verschweigen.

Die Beteiligung der Golfstaaten Saudi-Arabien und Katar und Kuwait am Bürgerkrieg in Syrien, und die Tatsache, dass Saudi-Arabien auch an der Entstehung der Terrororganisation Islamischer Staat mitgewirkt hat, kommen in den Betrachtungen und Schuldzuweisungen nicht vor. Von der Bundesregierung oder den allgemeinen Medien in Deutschland erfahren wir das, wenn überhaupt, immer nur am Rande. Dass diese Staaten die Terrororganisation al-Nusra-Front und damit einen Teil von al-Qaida in Syrien unterstützen, erfahren wir dann aus einem Gespräch von Jürgen Todenhöfer mit einem al-Qaida Kommandeur.[1] Wir erfahren auch nichts über die Interessen, die zum Beispiel Frankreich in der Region hat und verfolgt, und welche Rolle Israel spielt.

Manipulationsmethode: Die Geschichte verkürzt erzählen.

Die Terroristen sind nicht vom Himmel gefallen, und der blutig geführte Syrienkonflikt auch nicht. Jedenfalls begann letzterer nicht mit der militärischen Intervention Russlands. Die NachDenkSeiten haben am 17. März 2016 einen bemerkenswerten und lesenswerten Text von Robert F. Kennedy, Jr. »Warum die Araber uns in Syrien nicht wollen« wiedergegeben. Dort heißt es in der Einführung:

> »Auch da mein Vater von einem Araber ermordet wurde, habe ich mir die Mühe gemacht, die Auswirkungen der US-Politik im Nahen Osten und insbesondere die Faktoren zu verstehen, die zu manchmal blutrünstigen Reaktionen der islamischen Welt gegen unser Land führen. Wenn wir uns auf den Aufstieg des Islamischen Staates fokussieren und uns auf die Suche nach dem Ursprung der Gewalt machen, die so vielen Unschuldigen in Paris und San Bernardino das Leben gekostet hat, müssen wir möglicherweise über die einfachen Erklärungen von Religion und Ideologie hinausblicken. Stattdessen sollten wir die komplexeren Gründe in der Geschichte und im Öl untersuchen, die die Schuld – wie so oft – auf uns zurückverweist.«

Kennedy versucht, die gesamte Geschichte zu erzählen, soweit sie relevant ist zum Verständnis der heutigen Vorgänge.

Auch wer verstehen will, wie es zu der großen Zahl von flüchtenden Menschen gekommen ist, kann nicht – wie beispielsweise die deutsche Bundesregierung – beim verheerenden Konflikt in Syrien anfangen. Zum Gesamtbild gehören die Kriege von Libyen über den Irak bis nach Afghanistan, und jene südlich von Libyen in Afrika. Zum Gesamtbild gehören die westliche Agrarpolitik und die westliche Ölpolitik mit ihren Auswirkungen auf die betroffenen Völker. Und zum Gesamtbild gehört auch die Rüstungsexportpolitik.

Zum Gesamtbild gehört die US-Vorstellung von einer monopolaren Welt, also der Vorstellung, dass es ein Imperium, das US-amerikanische, gäbe und geben dürfe und dass dieses auch den Anspruch erheben könne, darüber zu entscheiden, wer wo regiert, mit der Konsequenz, dann auch eine Politik des Regimechange betreiben zu können – ohne Rücksicht auf alle Gegebenheiten, ohne Rücksicht auf Verluste.

Wir machen es uns in der Regel zu bequem, wenn wir die Geschichte verkürzt betrachten. Wir werden zu Manipulateuren, wenn wir sie verkürzt erzählen.[2]

Manipulationsmethode: Eine Botschaft von mehreren Absendern und aus verschiedenen Ecken aussenden lassen

An einem Text der Tagesschau[3] wird beispielhaft erkennbar, wie viele Absender der Behauptungen, die man vermitteln will, ins Spiel kommen: die UN-Botschafterin der USA, der Vertreter Frankreichs und der britische Außenminister. Letzterer spricht von Kriegsverbrechen. Und die Tagesschau ordnet alles schön zu: »Russlands Vorgehen ist ›Barbarei‹« und »Die Aktionen Russlands bezeichnen UN-Vertreter als ›Kriegsverbrechen‹.« – Beides kann man im Text so nicht finden, aber das macht nichts, die Vielfalt der Absender spricht für die Glaubwürdigkeit der Zusammenfassung der Tagesschau. Und diese sitzt.

Heute früh erreichten uns zwei Mails mit zwei interessanten Hinweisen auf Beispiele für die Methode, verschiedene und zwar ziemlich gegenläufige Absender zur Verbreitung der gleichen Botschaft zu nutzen:

1. **In aggressiver Form ergreift die *taz* Partei und befürwortet die (weitere) militärische Intervention des Westens:** Dort heißt es:

   »Her mit der Flugverbotszone (…) Wer jetzt noch glaubt, der Weg zum Frieden in Syrien bestehe in Gesprächen mit Diktator Baschar al-Assad und in einer Vermittlerrolle Moskaus, verschließt Augen und Ohren vor der Wirklichkeit. Syriens Regime will keine politische Lösung. Es will den militärischen Sieg in Aleppo. Russland leistet dabei Schützenhilfe, im wörtlichen Sinne, und verweigert jede Deeskalation.

Wer hier noch zuschaut, macht sich mitschuldig. Alles, was derzeit passiert, übersteigt bei Weitem jedes Horrorszenario, das vor Jahren als Argument gegen ein Eingreifen skizziert wurde. Das Nichteingreifen des Westens in Syrien gegen Assad und das jahrelange Hoffen auf Diplomatie haben den Krieg in einer Weise eskalieren lassen, wie es kaum jemand für möglich hielt – weil die meisten Beobachter nicht verstanden, dass Assad bereit ist, für den Machterhalt sein Volk zu opfern.

Es geht in Aleppo um die Rettung der Menschlichkeit – die in Syrien und auch unsere eigene. Eine **militärisch durchgesetzte** Flugverbotszone über Aleppo und eine klare Ansage, dass jeder, der dort Zivilisten beschießt, selbst beschossen wird – das ist das Mindeste, was man jetzt von der Weltgemeinschaft erwarten kann.« [4]

Kommentar des NachDenkSeiten-Lesers C.B.: Der Ressortchef Ausland bei der *taz*, Dominic Johnson, ist bei nahezu jedem Konflikt derjenige, der nach direktem militärischen Eingreifen des Westens ruft. Das können Sie gerne mit einem Blick ins Archiv der *taz* verifizieren. Natürlich streng humanitäre Einsätze – lustigerweise aber fast immer im Einklang mit den Interessen des Westens. Reden mit Assad oder den Russen? Wo kämen wir denn da hin? Kürzlich gab es Debatten in der *taz*-Genossenschaft darüber, ob die *taz* Anzeigen der Bundeswehr annehmen solle. Nicht nur, dass die Mehrheit der Genossenschaftler – teilweise mit ulkigem Selbstbetrug (voll subversiv, wenn wir das abdrucken und dafür Geld bekommen, hihi) – dem zustimmten, nein, neben Kommentaren von Johnson wäre eine passendere Werbung als für Krieg und Militär auch gar nicht vorstellbar. Schade, dass die *taz* in so vielen Politikfeldern (nicht in allen) eine echte Katastrophe ist.

2. **Ein für Kampagnen-Themen-Ideen zuständiger Vertreter von Campact äußert sich ganz im Sinne der neuen westlichen Kalte-Kriegslogik über Russland. Auch Campact gehört zu den Guten, könnte man daraus schließen. Das wäre ein weiterer Beleg für eine sehr erfolgreiche Propaganda- und Lobbyarbeit des Westens, genauer gesagt: der USA**

Der Vorgang ist eben ein sehr guter Beleg dafür, dass sich Organisationen, die wie Campact ein fortschrittliches Image haben, bestens dafür eignen, die Meinung im Sinne der Grundlinie »Wir sind die Guten« zu beeinflussen.

Die Kernsätze aus der Mail des Vertreters von Campact sind hier wiedergegeben, wichtige Passagen wurden von uns gefettet. Danke vielmals für die Überlassung dieses Mailwechsels an T. Graef.[5] Anzufügen bleibt, dass es dort hoffentlich auch andere Meinungen gibt:

> »Nicht nur Russland ist unser Nachbar, auch Polen, die Ukraine oder die baltischen Staaten. In diesen Ländern herrscht der Eindruck vor, Deutschland seien gute Beziehungen zu Russland wichtiger als deren Sicherheitsinteressen. Auch darauf muss eine verantwortungsvolle deutsche Außenpolitik Rücksicht nehmen, denn in Polen ist der Hitler-Stalin-Pakt noch nicht vergessen. Merkel und Steinmeier versuchen deshalb einen schwierigen Spagat: Einerseits die Ängste von Polen und der baltischen Staaten ernst zu nehmen und andererseits weiterhin versuchen mit Russland im Gespräch zu bleiben. Wir kritisieren die Bundesregierung ja wirklich oft, aber bei diesem Thema sehen wir keinen Grund dazu.
>
> Ich habe nicht den Eindruck, dass US-Präsident Obama oder Bundeskanzlerin Merkel Russland provozieren wollen. Die Manöver waren eher ein kleines Zugeständnis an unsere

östlichen NATO-Partner, die Angst **vor Putins zunehmend aggressiven Außenpolitik** haben. Allerdings haben Sie, Herr Graef, natürlich recht, wenn sie vor einem neuen Wettrüsten zwischen der NATO und Russland warnen. Das wäre das Letzte was wir gebrauchen könnten – die Welt hat schon genug Probleme. Russland ist nicht nur unser Nachbar, es ist auch eine Atommacht. Daher müssen wir irgendwie miteinander auskommen.

Ich spreche ein wenig russisch, habe russische Freunde und liebe Dostojewski, Tolstoj oder Pasternak. **Aber leider ist Putins Russland ein korrupter Mafiastaat. Um von seinen innenpolitischen Problemen abzulenken versucht Putin außenpolitisch den starken Mann zu spielen. Die russische Politik in Syrien ist eine absolute Katastrophe. Putin trägt große Mitschuld an dem Blutvergießen dort.** Putin unterstützt rechtsextreme und rechtspopulistische Parteien im Westen. **Und er versucht, bei uns Kriegsängste zu schüren, damit die berechtigten Sanktionen gegen Russland wieder aufgehoben werden. Darauf sollten wir nicht herein fallen! Niemand in der NATO ist so dumm einen Atomkrieg mit Russland zu riskieren.**«

Interessant an dieser Einlassung ist zum einen zu beobachten, wie weit die Indoktrination durch die westliche Grundlinie reicht und wie offen selbst eine Organisation wie Campact für Ideen vom neuen Kalten Krieg ist. Vom Geist der Entspannungspolitik und den Verabredungen von 1990 ist selbst beim Vertreter dieser Organisationen nichts zu spüren.

Zum anderen ist es eben interessant, dass Mitarbeiter solcher ehrenwerten Organisationen im großen Propagandakrieg einsetzbar sind. Wenn der gute Name von Campact mit solchen Ideen verbunden wird und auf weniger kritische Mitbürger trifft, wie T. Graef das ist, dann wirkt das.

Eine Empfehlung an Campact: Führt eine Debatte in euren Reihen. Und lasst uns dann wissen, ob wir davon ausgehen müssen, dass Aussagen wie die zitierten repräsentativ sind für das Denken von Campact. Glauben kann ich das eigentlich nicht.

Weltuntergangsstimmung, Arroganz und komplette Ahnungslosigkeit – die Reaktionen der deutschen Medien auf Trumps Wahlsieg

10. November 2016/von Jens Berger

ZEITUNG DES JAHRES

B.Z.

Die Nacht, in der der Westen starb

SCHNAPP DES TAGES

Während die US-Medien den Wahlsieg Donald Trumps überwiegend erstaunlich gleichmütig aufgenommen haben, wirken Deutschlands Edelfedern wie ein Haufen aufgescheuchter Hühner im Angesicht des geifernden Fuchses. Panik und Weltuntergangsstimmung allenthalben. Die Eliten verstehen »ihr« Volk offenbar nicht mehr. Dabei liegen die Gründe für Trumps Erfolg doch eigentlich auf der Hand. Doch anstatt erst einmal in sich zu gehen, schalten die Leitartikler auf Vorwärtsverteidigung und glänzen vor allem durch überbordende Arroganz. Dies könnte der Schluss aus unserer kleinen kritischen **Presseschau** sein, die unser Kollege **J.K.** und ich, **Jens Berger**, zusammengestellt haben. Erschreckend ist, dass keiner der Leitartikler zwischen Symptomen und Ursache zu unterscheiden weiß und die offensichtliche Frage stellt, warum die Amerikaner sich vom Establishment abgewendet haben.

Die Ahnungslosen und die Arroganten

Beginnen wir mit einem Highlight von **Roland Nelles**, der ja auch schon gegen Sanders gehetzt hat. Hätten die Demokraten Sanders nicht kaltgestellt, hätten sie vielleicht die nötigen Stimmen bekommen.

> ***Sieg des Zerstörers***
>
> *Donald Trump wird der nächste US-Präsident. Das ist eine politische Katastrophe – für Amerika, für die Welt. Ein Kommentar von Roland Nelles […] Plumper Populismus hat über die Vernunft gesiegt. Trumps Erfolg ist ein Schock für all jene, die auf die politische Weisheit der amerikanischen Wähler gesetzt hatten. Der Immobilientycoon hat den Amerikanern einen grundlegenden Politikwechsel versprochen, und sie sind seinen Versprechungen mit einer – wenn auch knappen – Mehrheit gefolgt. Die US-Wähler haben sich für einen Wandel entschieden, von dem noch niemand genau sagen kann, wie er eigentlich aussehen wird. Nach Trumps islamophoben, nationalistischen, menschenverachtenden Auftritten im Wahlkampf lässt sich nur eines sicher vorhersagen: Gut wird es wohl nicht werden. […] Was der Welt, was Amerika deshalb jetzt droht, ist eine gefährliche Phase der Instabilität.*[6]

Den Staffelstab nimmt FAZ-Nachwuchsautor **Stefan Tomik** auf, der sich an einer Wahlanalyse versucht und dabei erwartungsgemäß im Seichten an der Oberfläche bleibt und Inhalte meidet.

> ***Die weiße Revolution***
>
> *Weiße Amerikaner ohne Hochschulabschluss verschafften Donald Trump einen riesigen Vorsprung. Schwarze, Latinos und Frauen unterstützten Hillary Clinton nicht so wie erhofft. Eine Wahlanalyse.*
>
> *Laut den Daten der »New York Times« konnte Trump weitaus mehr Stimmen weißer Amerikaner ohne Hochschulabschluss für sich gewinnen als die republikanischen Kandidaten vorheriger Wahlen. Sein Vorsprung gegenüber Clinton liegt bei etwa 40 Prozentpunkten. Weiße mit Hochschulabschluss tendierten weniger stark zu ihm, wählten ihn in der Mehrheit aber dennoch.*[7]

Am gleichen Vorhaben versucht sich **Marcel Pauly** in der *Welt* und scheitert ebenfalls auf ganzer Linie.

> ***Trumps Sieg ist weiß, männlich, bildungsschwach***
>
> *Demokratie ist die Herrschaft der Mehrheit. In den USA sind die Weißen in der Mehrheit. Und sie haben sich überwiegend Donald Trump als neuen Präsidenten gewünscht.*
>
> *Nicht mal ein Drittel der Hispanics und Asiaten votierte für ihn, bei den Schwarzen waren es laut Nachwahlbefragungen des Senders CNN gerade noch acht Prozent. Dennoch: Trump schneidet bei den Minderheiten immer noch etwas besser ab als der Republikaner Mitt Romney vor vier Jahren.*
>
> *Seine Mehrheit aber beschaffte sich Trump bei der weißen Bevölkerung. Außerdem stimmten weniger gebildete Menschen vermehrt für ihn, Wähler mit höherem Bildungsabschluss ent-*

schieden sich hingegen mehrheitlich für die Demokratin Hillary Clinton. Sie hatte außerdem mehr Frauen auf ihrer Seite, die Trump-Anhänger sind dagegen überwiegend männlich.

Kombiniert man die Merkmale Geschlecht, Bildung und Ethnie, wird die Kernwählerschaft Trumps besonders deutlich: Sie ist weiß, männlich und besitzt keinen Hochschulabschluss. Auf jeden sechsten wahlberechtigten Amerikaner trifft diese Kombination zu. Drei Viertel von ihnen haben für Trump gestimmt.[8]

Überall Populisten sieht **Thilo Kößler** im Deutschlandfunk.

Der Sieg des Populismus

Wenn Donald Trump jetzt davon spricht, er wolle der Präsident aller Amerikaner sein, muss das in den Ohren all jener wie Spott klingen, die er verletzt, verhöhnt und vor den Kopf gestoßen hat. Donald Trump war kein Preis zu hoch, um seine Anhängerschaft unter der weißen, ländlichen Bevölkerung zu mobilisieren: Sie hat seine Botschaft »Make America great again« buchstabiert als: Make America white again. Und: Make America male again. Das war eine rückwärtsgewandte Wahl. Nur wenige Jahrzehnte, ehe in den Vereinigten Staaten die Minderheiten in der Mehrheit sein werden, hat sich das weiße und männliche Amerika noch einmal mit aller Kraft aufgebäumt. Donald Trumps Anti-Establishment-Wahlkampf hat allerdings auch deshalb so gut verfangen, weil er in Hillary Clinton genau die Exponentin jener alten Eliten fand, die er für die Ängste und Befürchtungen, für die Wut und den Hass seiner Klientel verantwortlich machen konnte.

Niemand weiß, was sein Credo »America first« für die künftige US-Außenpolitik zu bedeuten hat. Seine Vorstellungen über den Umgang mit Russland, mit dem Iran, mit dem Syrienkonflikt und dem Nahen Osten insgesamt legen den Verdacht nahe, dass Donald Trump sein Land in Richtung eines wirtschaftlichen und politischen Nationalismus führen möchte. Das sieht in der Tat alles nicht vertrauenserweckend aus. Und kann so jedenfalls nicht gutgehen.[9]

Essayistisch geht SZ-Feuilletonchef **Andrian Kreye** ans Thema und demonstriert dabei, wie hochnäsig und arrogant so mancher Feuilletonist über das gemeine Volk denkt.

Der Spuk geht jetzt erst los

Hillary Clintons Wähler hatten vor allem Angst vor Donald Trump, vor seinen Ausbrüchen und Egomanien, die nur so lange lustig waren, wie er seine Geschäftspartner im Immobilien- und Kasinogeschäft über den Tisch zog oder sich im Realityfernsehen aufplusterte.

Sie hatten Angst vor seinen Horden aus dem Herzland (Heartland) mit ihrem Bildungsmangel, ihrem Hass und ihrem Weltbild, das aus einer Zeit stammt, die die meisten im Land erleichtert hinter sich gelassen haben. Diese Horden haben dann doch so viel Macht entwickelt, dass sie einen wie Trump bis zum Wahlsieg tragen konnten.[10]

Voll von Häme ist auch die »Analyse« des SZ-Nachwuchsschreibers **Sebastian Kreye**.

Sieg des Enthemmten

Präsident Trump: Für viele ist die schlimmste Furcht zur Wirklichkeit geworden. Die USA wenden sich einer autoritären Führungsfigur zu – die Demokratie steht vor einer historischen Herausforderung.

Das war kein Wahlkampf. Das war eine nationale Krise. Und an ihrem nur vorläufigen Ende steht die größte anzuneh-

mende Katastrophe: Donald Trump ist US-Präsident. Das Unvorstellbare ist Wirklichkeit geworden.

Ein Narzisst, ein notorischer Lügner, ein Sexist, ein Rassist, ein Chauvinist, ein Populist, ein Demagoge – vielfach belegt in diesem anderthalbjährigen Wahlkampf, so drastisch es auch klingen mag – ist nun das, was man gemeinhin mächtigster Mann der Welt nennt. Die Vorstellungskraft auch vieler Politiker reicht noch nicht aus, um die Folgen dieser Wahl abzuschätzen. Dass er die USA in gewaltige Probleme stürzen wird, ist jedenfalls keine sonderlich gewagte Vorhersage.[11]

Bei **Hubertus Volmer** von n-tv verschwinden die Grenzen zwischen einem journalistischen Artikel und einem Troll-Kommentar schon beinahe vollends.

Das größte »Fuck you« aller Zeiten

Donald Trump ist ein narzisstischer Demagoge, der keine Skrupel, keine Moral und keinen Anstand kennt. Gewählt wurde er nicht deshalb, sondern weil er es geschafft hat, für Veränderung zu stehen.

Trump hat das Gefühl von Leuten getroffen, die glauben, sie seien zu kurz gekommen. Der linke Filmemacher Michael Moore, der erst Bernie Sanders, dann Clinton unterstützte, hat es auf den Punkt gebracht: Für seine Wähler sei Trump »ein menschlicher Molotow-Cocktail«, sein Sieg werde »das größte ›Fuck you‹ aller Zeiten« sein, »und es wird sich gut anfühlen« – jedenfalls für den Moment.[12]

Wie ein zurückgewiesener Liebhaber wirkt Tagesspiegel-Washington-Korrespondent **Christoph von Marschall**, der Hillary Clinton in einer hanebüchenen Naivität verklärt und Trump ebenso hanebüchen verteufelt.

Die Rache der weißen Männer

> *Nationen können sich ihre Zukunft verbauen, wenn sie Fehler machen. Dabei denkt man zuerst an Regierungen, die politische oder ökonomische Irrwege einschlagen oder gar Kriege provozieren. Abschreckende Beispiele sind Baschar al Assad, Wladimir Putin, Recep Tayyip Erdogan, aber auch David Cameron. Mitunter verbauen sich Gesellschaften jedoch die Zukunft selbst, weil sie falsche Weichenstellungen in demokratischen Abstimmungen legitimieren.*
>
> *Präsident Donald Trump? Das ist verstörend, ja: ein Skandal. Bei allen berechtigten Einwänden gegen Hillary Clinton dürfte keine Frage sein, wer von beiden besser vorbereitet ist auf das wichtigste Wahlamt der Welt. Clinton selbstverständlich. Und ebenso, wer sich durch das Auftreten im Wahlkampf disqualifiziert hat. Trump hat eine hasserfüllte Kampagne geführt, die von Prahlerei und frei erfundenen Anklagen nur so strotzte.*
>
> *Man hätte Amerika – und seinen Partnern, für die vieles von diesem Wahlausgang abhängt – gewünscht, dass der Alptraum im Zuge der Wahlnacht in Erleichterung umschlägt. Erleichterung, was der Welt alles erspart bliebe, wenn Trump nicht Präsident wird. Keine Verwerfung an den Börsen wegen seiner Unberechenbarkeit und der Drohung mit hohen Strafzöllen gegen Mexiko und China. Kein Rückzug der USA aus ihrer weltpolitischen Verantwortung; keine Schwächung der Nato, die wie eine Einladung an Putin wirkt, zu testen, wie weit er nun gehen kann. Keine verantwortungslose Steuersenkung, die nach Berechnung der Experten zu einer Verdreifachung der US- Schulden führen würde.*[13]

Diese Analysen strotzen von Arroganz: »Weiße Amerikaner ohne Hochschulabschluss verschafften Donald Trump einen riesigen Vorsprung.« Besteht ganz Deutschland nur aus Akademikern? Was sollte hier die Konsequenz sein? Die Wiedereinführung des Klassenwahlrechtes? Aus der Ecke der AfD gab es ja schon einmal den Vorschlag, Arbeitslosen und Hartz-IV Beziehern das Wahlrecht zu entziehen. Das schlägt in dieselbe Kerbe wie Gedankenspiele nach dem Brexit, den angeblich die älteren Wähler zu verantworten hatten, das Wahlrecht nach Lebensalter zu limitieren. Die Leser der »Qualitätszeitungen« sollten genau hinhören. Die Edelfedern der großen deutschen Zeitungen halten also Menschen ohne Hochschulabschluss für unfähig, Wahlentscheidungen zu treffen. Damit liefern die deutschen »Qualitätsjournalisten« interessanterweise, ohne es selbst zu merken, die Antwort auf die Frage, warum Trump gewählt wurde und warum die AfD gewählt wird.

Die Falken und Transatlantiker

Den Reigen der überzeugten Transatlatlantiker eröffnet **Berthold Kohler**, seines Zeichens Mitherausgeber der *Frankfurter Allgemeinen Zeitung*. Kohler macht sich vor allem Sorgen darüber, wie das »Bündnissystem des Westens« aussehen könnte, wenn die USA sich nicht mehr so sehr als »Ordnungsmacht« engagieren.

> ### *Amerikas Abwendung von der Welt*
>
> *Trumps Triumph erschüttert die europäische Politik in mehrfacher Weise. Das angeschlagene Bündnis- und Politiksystem des Westens könnte vor einer Revolution stehen.*
>
> *Trump hatte zu außenpolitischen Fragen viel Wirres und Widersprüchliches von sich gegeben, das jedoch einen gemeinsamen Nenner aufwies: die Rückbesinnung Amerikas auf sich selbst und den Rückzug aus den komplizierten Agenden der Weltpolitik, ob die Sicherheit, das Klima oder den Freihandel betreffend.*
>
> *In Amerika brachte ihm dieser Neoisolationismus nach dem Motto »Der Starke ist am mächtigsten allein« den Zuspruch*

der wachsenden Schicht ein, die sich als Verlierer der Globalisierung sieht. Sie wird von der Sehnsucht nach einer guten alten Zeit getrieben und vom Hass auf jene, die für deren Untergang verantwortlich gemacht werden. Die Abwendung von der Welt erschüttert nicht nur die andere Hälfte der Amerikaner, sondern auch alle Politiker im Ausland, die Amerikas Engagement als Ordnungsmacht und Verbündeter im internationalen System für unverzichtbar halten.[14]

Da darf natürlich auch **Klaus-Dieter Frankenberger**, Ressortleiter Außenpolitik bei der *FAZ*, nicht fehlen. Auch Frankenberger ist vor allem für seine transatlantische Netzwerkarbeit bekannt und ärgert sich in seinem *FAZ*-Artikel auch darüber, dass Trump nun seiner Meinung nach einen »Wirtschaftsnationalismus« anstelle des »internationalen Handels« setzen will.

Der Rächer im Weißen Haus

Vor seinem Sieg haben sich viele gefürchtet. Aber er ist Wirklichkeit geworden – weil der »Aufstand des Populismus« mächtiger war als alle Warnungen vor Trumps Unberechenbarkeit.

Es ist so gekommen, weil der »Aufstand des Populismus« mächtiger war als alle Warnungen vor Trumps Unberechenbarkeit; weil die weißen Arbeiter von der globalisierungskritischen, den internationalen Handel geißelnden Botschaft des Demagogen in republikanischen Kleidern angezogen wurden. Trump mobilisierte weiße Wähler auf dem Land und vor allem in den alten Industriestaaten, wie das nicht für möglich gehalten wurde. Sein Populismus und sein Wirtschaftsnationalismus kamen bei den sogenannten einfachen Leuten gut an, die sich von der politischen Elite nicht vertreten, von der wirtschaftlichen Elite ausgenommen und von der Kulturelite verachtet und verhöhnt fühlen. Trump ist es gelungen, diese Frustration und Verbitterung erfolgreich anzuzapfen. Alle

Vermutungen, dass traditionelle republikanische Wähler sich von Trumps Krawallrhetorik angewidert abwenden würden, erwiesen sich als Gerede.[15]

Und wenn die Transatlantiker zum Angriff blasen, darf natürlich auch **Carsten Luther** von der *Zeit* nicht fehlen.

Der Ernstfall

Donald Trump war lange nur ein schlechter Scherz. Jetzt wird er Präsident. Die Welt muss sich fürchten vor dem, was diesem unberechenbaren Mann als Nächstes einfällt.

Ein totalitärer Blender und betrügerischer Dilettant hat es geschafft, sich ins Weiße Haus wählen zu lassen. Donald Trump ist ein epochales Desaster, das nicht nur dieses große Land und seine Demokratie auf Jahre hinaus verändern wird. Die ganze Welt wird die Auswirkungen dieses Fehlers spüren.

Viele hielten es für einen Scherz, als Trump im vorigen Jahr seine Kandidatur ankündigte: Soll er doch, solange es ihm Spaß macht – und uns. Fast eineinhalb Jahre ist das her, heute lacht niemand mehr. Jetzt steht ein sexuell übergriffiger Rassist, pathologischer Lügner und nervöser Egomane an der Spitze der Vereinigten Staaten: Indiskutabel für alle, die an Demokratie und Menschenrechte oder wenigstens an den gesunden Verstand der Menschen im Allgemeinen, der Amerikaner im Besonderen glauben. Verdammt, sie hatten nur einen Job: diesen Mann zu verhindern!

Wer Trump gewählt hat, mag das als Protest gegen das Establishment verstanden haben – ist damit aber fraglos Teil eines antidemokratischen Aufruhrs geworden, dessen Antreiber nicht mehr an viel glauben, was einen modernen Staat zusammenhält.[16]

In blanker Panik ist offenbar **Bernd Ulrich**, transatlantischer Netzwerker und Leiter des Politikressorts bei der ZEIT, der Europa nun auffordert, »die westlichen Werte« gegen Trump zu verteidigen.

Ganz unten … aber nicht am Ende

> *Ein gefährlicher Mann zieht ins Weiße Haus ein. Warum Europa jetzt die westlichen Werte verteidigen muss – und das auch kann.*
>
> *Neunundneunzig Jahre hat das amerikanische Jahrhundert gedauert. Es begann am 6. April 1917 mit dem Eintritt der USA in den großen europäischen Krieg und endete in der Nacht zum Mittwoch, dem 9. November 2016, als Donald Trump zum US-Präsidenten gewählt wurde. Dieser Mann ähnelt mehr den monarchischen Hasardeuren und faschistischen Führern, die den alten Kontinent mehrfach ins Unglück geführt haben, als allen seinen modernen Vorgängern im Weißen Haus.*
>
> *Donald Trump ist kein Freund.*
>
> *Gewiss nicht von Deutschland und seiner Kanzlerin. Sie verkörpert von allem das Gegenteil eines Donald Trump. Sie ist besonnen, rational, diszipliniert, sie kontrolliert ihre Affekte, diese Frau ist, kurzum, nicht besessen von sich selbst. Sie und er werden von Stund' an die Antipoden der westlichen Welt sein.*[17]

Trump wird zwischen den Zeilen als Faschist bezeichnet, obwohl der »War on Terror«, den sein »moderner« Vorgänger George W. Bush entfesselte im Irak, in Afghanistan und Pakistan 1,3 Millionen Tote gekostet hat. Obwohl sein »moderner« Vorgänger Barack Obama Libyen bombardieren ließ, den Drohnenkrieg exzessiv forciert und den syrischen Bürgerkrieg angezettelt hat. Bisher klebt kein Tropfen Blut an den Händen Trumps. Die Hände von Ex-Außenministerin und Ex-Präsidentschaftskandidatin Clinton triefen dagegen davon.

Die Freihandelsfreunde und Talkshowökonomen

Der neoliberale Talkshow-Ökonom und Springer-Kolumnist Thomas Straubhaar darf in der *Welt* den Apokalyptischen Reiter geben.

> ***Das ist das Ende des American Way of Life***
>
> *Jetzt ist es passiert. Was (zu) lange niemand für möglich hielt, ist geschehen: Donald Trump wird US-Präsident. Und anders als sein Vorgänger Barack Obama wird der neue Mann im Weißen Haus von einer eigenen Mehrheit im Repräsentantenhaus getragen. Damit wird die größte und wichtigste Volkswirtschaft der Welt von einem Mann regiert werden, für den das eigene Interesse zuerst kommt und dessen Wahlprogramm weder berechenbar noch wünschenswert war – nicht für die Weltwirtschaft, nicht für Europa, nicht für Deutschland.*
>
> *Auch wenn Trump verspricht, alles anders zu machen als das verhasste Establishment der Vergangenheit, ermöglicht die Wahlentscheidung keinen Neubeginn für die USA. Vielmehr ist sie das Ende des »American Way of Life«.*
>
> *Donald Trump wurde von vielen gewählt, die sich selbst als Loser einschätzen. Von Unzufriedenen, die überzeugt sind, dass früher alles besser war, als es heute ist. Von Konservativen, die in Schwarz und Weiß trennen und sich mit einfachen Antworten auf komplexe Probleme abspeisen lassen.* [18]

Ähnlich im Inhalt, wenn auch etwas moderater im Ton gibt sich SZ-Chefredakteur **Kurt Kister**, der Trump hämisch zum »wirkmächtigsten Verbündeten« von Attac und den Grünen erklärt. Warum? Weil Trump TTIP ablehnt. Abseits der Redaktionsstuben dürfte ihm das zumindest in Deutschland jedoch eher Zustimmung verschaffen.

Amerika wählt den großen Spalter

Donald Trump ist ein Nationalist, der sich als Patriot ausgibt. Sein Patriotismus hat rassistische Züge, wie sich nicht nur an seinen Bemerkungen zum Beispiel über Amerikaner mexikanischer Abstammung belegen lässt. Als Nationalist redet er auch der wirtschaftlichen Abschottung und einem (Straf-) Zollsystem das Wort. Was die Organisation des Freihandels, speziell TTIP angeht, ist der Rechtspopulist Trump der wohl wirkmächtigste Verbündete von Attac oder den Grünen: Seine Wahl bedeutet das Ende von TTIP.[19]

Und die Moral von der Geschicht'? Trump und »Breitbart« triumphieren über das Establishment

Noch nie zuvor hatte sich die klassische Medienlandschaft der USA so deutlich gegen einen Präsidentschaftskandidaten ausgesprochen. Die New York Times unterstützte Hillary Clinton, ebenso wie das renommierte Atlantic-Magazin, das überhaupt erst zum dritten Mal in seiner langen Geschichte eine Wahlempfehlung veröffentlichte. Die Bürgerinnen und Bürger der Vereinigten Staaten jedoch wollten nicht auf die Leitmedien ihres Landes hören. Je weiter die Wahlnacht voranschreitet, desto deutlicher wird: das Amerika der Medien und das Amerika der Wähler, das sind zwei unterschiedliche Länder.

CNN-Mann Blitzer ringt am Morgen um eine Erklärung: »In diesem Land gibt es eine tief sitzende Wut auf das Establishment.« Die großen US-Medien haben den Kontakt zu einem Großteil der Menschen ihres Landes verloren. Nach vielen Stunden stehen Blitzer und seine Kollegen von MSNBC bis Fox News noch immer im gleißenden Licht ihrer Ergebnis-Tafeln und hochmodernen Umfrage-Grafiken. Aber Erleuchtung finden sie dort keine.[20]

Was soll man sagen, mit Trumps Wahlsieg scheint die Meinungsmache und Meinungsmacht der »Qualitätsmedien« zumindest in den USA endlich gebrochen zu sein. Viele amerikanische Bürger haben sich gegen die Interessen des Establishments entschieden – ob die Entscheidung klug war oder nicht, ist eine andere Frage – und in der deutschen Medienlandschaft ist der Teufel los. Das Toben der deutschen »Qualitätsmedien« gegen Trump ist auch ein Manifest der Furcht, dass dies auch in Deutschland geschehen könnte.

Russland sabotiert den Wahlkampf? Ein kleiner Faktencheck

7. Dezember 2016 / von Jens Berger

Immer wieder geistert die Meldung durch die Gazetten, »russische Hacker« mit »Verbindungen zu den russischen Diensten« oder gar »dem Kreml« hätten dies oder das gehackt und würden über gezielte Informations- und Desinformationskampagnen Einfluss auf Wahlkämpfe nehmen. Die drei großen »Leaks« im US-Wahlkampf werden dafür gerne als Beleg zitiert und es gilt als ausgemachte Sache, dass »Moskau« auch in den Bundestagswahlkampf 2017 eingreifen wird. So berichtet es beispielsweise die *Frankfurter Sonntagszeitung* in ihrer jüngsten Titelstory. Dieses Geraune ist erstaunlich. Bereits ein kleiner Faktencheck zeigt nämlich, dass es in keinem Fall Beweise für eine russische Beteiligung gibt und selbst die Indizien mehr als mager sind.

Die DC Leaks, der Hackerangriff auf das DNC und auf Clintons Kampagnenchef John Podesta – drei Fälle von Cyberkriminalität, bei denen wahrscheinlich vertrauliche Daten von Hackern an die Öffentlichkeit gebracht wurden, um Einfluss auf den Wahlkampf zu nehmen. Aber handelt es sich hierbei tatsächlich auch um drei Beispiele dafür, dass Russland Einfluss auf den US-Wahlkampf genommen hat? Immerhin wird dies ja regelmäßig von Politikern und den Medien behauptet.

Um es ganz kurz zu machen: Es gibt keine gesicherte Erkenntnis darüber, wer die verantwortlichen Hacker in diesen drei Fällen waren und auch über die Herkunft der Hacker oder ihren Aufenthaltsort gibt es keine echten Erkenntnisse. Alles was darüber hinausgeht, wie etwa Verbindungen zu russischen Diensten oder dem Kreml, ist pure Spekulation.

Was ist gesichert?

Als gesichert darf angenommen werden[21], dass im Jahr 2016 zahlreiche US-Politiker samt deren Stab und Beraterteam Ziel von sogenannten Phishing-Attacken waren. Solche Phishing-Attacken kennen freilich nicht nur Politiker; fast jeder E-Mail-Nutzer wird schon mal eine solche Mail bekommen haben. Beliebt sind beispielsweise Mails, die vorgeben, man müsse sein Kennwort bei PayPal erneuern. Wenn man den Link in der Mail anklickt, kommt man jedoch nicht auf die Seite von PayPal, sondern auf eine – je nach Professionalität der Täter – mehr oder weniger täuschend echte Kopie der PayPal-Seite. Hat man seine Login-Daten auf dieser gefälschten Seite eingegeben, haben die Täter die Daten und können das PayPal-Konto des Opfers leerräumen. Ganz ähnlich funktionierte auch der Trick, mit dem die Hacker an die Mails hochrangiger Politikberater, wie beispielsweise Clintons Kampagnenchef John Podesta gekommen sind.

John Podesta hat – man glaubt es ja kaum – für seine dienstlichen Mails tatsächlich einen kostenlosen Mail-Account beim Internetgiganten Google. Und als Podesta eines Tages eine vermeintliche Warnmeldung von Google bekam, sein Passwort müsse wegen eines Sicherheitsproblems geändert werden, klickte er diese Mail an und gab brav seine Login-Daten ein.[22] Nicht nur Podesta, sondern auch der ehemalige 4-Sterne-General und Außenminister Colin Powell und nahezu das komplette Spitzenpersonal der Demokratischen Partei sowie zahlreicher namhafter Republikaner soll demnach nicht nur Googles kostenloses G-Mail dienstlich nutzen, sondern auch auf derart offensichtliche Phishing-Mails klicken. Soll man das glauben? Mir fällt es zumindest schwer.

Aber nehmen wir mal an, die »offizielle Story«, auf die sich die gesamte Geschichte von den »russischen Hackern« stützt, ist korrekt. Was ist denn nun »russisch« an diesem Hack? Darauf haben die involvierten Spezialisten erstaunlicherweise keine direkte Antwort. Um diesen Spin nachvollziehen zu können, muss man schon weiter ausholen.

Sofacy, Guccifer 2.0 und die Wiedergeburt von Felix Edmundowitsch (Dserschinski)

Phishing über gefälschte Mails und Schadsoftware sind ein Milliardengeschäft und das Klischee will es, dass russische Hacker darin besonders aktiv sind. Ob dies überhaupt stimmt, ist offen. Aus kritischen Internetsicherheitskreisen hört man auch immer wieder die Anekdote, nach der die omnipotenten russischen Hacker vielmehr eine PR-Erfindung des russischen IT-Sicherheitsgiganten Kaspersky Lab sind – wenn russische Hacker das größte Problem sind, kann natürlich nur ein russisches IT-Sicherheitsunternehmen die Lösung sein, so die durchschaubare Werbestrategie.

Will man Hacker, Hackerkollektive oder Hackergruppen identifizieren, so ist das in der Regel nur über eine Fallanalyse möglich: Welche Server, welche Strings und Module und welche Schadsoftware wurde genutzt; haben die Hacker Sicherheitslücken genutzt, die zu diesem Zeitpunkt sonst noch niemandem bekannt waren. Eine dieser Hackergruppen, die aufgrund von Fallanalysen immer wieder ermittelt werden kann, ist APT28 bzw. die Sofacy-Gruppe. Dass es diese Gruppe gibt, ist unbestritten. Dass diese Gruppe aus Russen besteht, ist jedoch pure Spekulation. So entsprächen die Zeitstempel der eingesetzten Software-Module Experten zufolge »den üblichen Arbeitszeiten im europäischen Teil Russlands«[23]. Nun gut, die Türkei ist in derselben Zeitzone und fast ganz Europa ist nur zwei Stunden hinter der Moskauer Zeit. Und da das Klischee es ja so will, dass Hacker nicht unbedingt einen Nine-to-Five-Job haben, erscheint dieses Indiz recht skurril. Gerichtsfest wäre sowas in Deutschland jedenfalls ganz sicher nicht.

Gibt es denn keine besseren Indizien? Besser nicht, aber skurriler alle Male. So sieht es die US-Cybersicherheits-Business-Community beispielsweise als überzeugendes Indiz[24] für eine Beteiligung russischer Sicherheitsdienste an, dass ein Word-Dokument, das vom Hacker Guccifer 2.0, der offenbar für sämtliche Leaks aus dem US-Wahlkampf verantwortlich ist, von einem Benutzer editiert wurde, der das Office-Paket von Microsoft auf den Namen »Феликс Эдмундович« registrieren lassen hat, also auf Felix Edmundowitsch (Dserschinski), den legendären Gründer der ersten sowjetischen Geheimpolizei, der Tscheka. Das ist nicht nur skurril, sondern schon fast wieder lustig. Offenbar haben die Täter Sinn für Humor.

Irgendwie wirkt die gesamte Geschichte dann auch mehr wie ein nicht besonders guter Witz. Da nutzen die Koryphäen der US-Politik einen kostenlosen E-Mail-Dienst, von dem bekannt ist, dass zumindest der Anbieter die Mails durchliest, für dienstliche, vertrauliche Mails, klicken dann wie Oma Erna auf eine Phishing-Mail und geben den bösen Russen dabei arglos ihre Kennwörter. Und die bösen Russen arbeiten streng nach russischen Arbeitszeiten und veröffentlichen via Wikileaks ein Word-Dokument, das mit einem Programm erstellt wurde, das auf den Gründer der Tscheka registriert ist. Wäre das ein Drehbuch, würde man es mit Fug und Recht als unrealistischen Unsinn bewerten. Dennoch berichten nahezu alle großen Medienerzeugnisse exakt diese Geschichte.

Auch in anderen Fällen, die nicht im Zusammenhang mit dem US-Wahlkampf stehen, und bei denen man »russische Hacker« verantwortlich machen will, gibt es bestenfalls schwache Indizien; jedoch keinen einzigen Beweis. So beim »Bundestag Hack«[25] im Jahre 2015, beim Phishing-Angriff auf deutsche Politiker im August[26] dieses Jahres. Selbstverständlich gehören auch Russen zu den Opfern – ganz aktuell macht ein Hackerangriff auf die russische Zentralbank Schlagzeilen.[27] Auch hier ist es völlig unklar, wer die Täter waren.

Cui bono?

Interessant ist, dass keiner der Beteiligten sich zu einer definitiven Aussage hinreißen lässt. Sie werden nirgends lesen, dass »die Russen« dies oder das gehackt »haben«. Es geht stets nur um Vermutungen, Spekulationen und indirekte Rede. »Aus Sicherheitskreisen heißt es«, so eine beliebte Formulierung. Ja, wer sind denn diese »Sicherheitskreise«?

Auffällig ist hier, dass nahezu alle Spekulationen, die auf russische Hacker hinweisen, von IT-Sicherheitsunternehmen kommen, deren Geschäftsmodell es ist, Regierungen und Unternehmen vor Cyberkriminalität und Datendiebstahl zu beschützen. **Das ist so, als ob die Hersteller von Alarmanlagen und Sicherheitsschlössern wöchentlich vor russischen Einbrecherbanden warnen und dies mit besonders spektakulären Fällen zu untermauern versuchen.**

Und Politik und Medien passt das Bild vom »bösen Russen« natürlich hervorragend ins Bild. Wie kann es nur sein, dass die Wähler nicht der tollen Frau Clinton die Stimme gaben? An einer tiefen Entfremdung zwischen den Wählern und dem politischen Establishment kann es ja nicht liegen … da kramt man dann halt lieber russische Hacker aus dem Hut.

Die Verteidigungsministerin lügt, ohne rot zu werden und der Experte mit den unbequemen Wahrheiten wird zum »Verschwörungstheoretiker« degradiert – so funktioniert Meinungsmache

10. April 2017 / von Jens Berger

Das war TV-Talk von seiner allerschlimmsten Sorte. Bereits in der Kurzvorstellung der Gäste der gestrigen Anne-Will-Sendung achtete die ARD darauf, die Glaubwürdigkeit des kritischen Nahostexperten Michael Lüders zu beschädigen. Anstatt als Experte wurde er schlicht als Politik- und Wirtschaftsberater vorgestellt. In der Sendung selbst wurde er dann auch gleich zum »Verschwörungstheoretiker« erklärt und von den drei geladenen Transatlantikern mit tatkräftiger Unterstützung der Talkmasterin unfair vorgeführt. Währenddessen plauderte sich Verteidigungsministerin von der Leyen mit ihren seltsamen Interpretationen zum Völkerrecht und dreisten Lügen zu Giftgasvorfällen in Syrien um Kopf und Kragen. Dies wurde ihr – wie kaum anders zu erwarten – nicht von der schlecht vorbereiteten und ohnehin komplett derangiert wirkenden Anne Will, sondern vom Linken-Politiker Jan van Aken vorgehalten. Der Rest: Desinformation in Reinkultur.

Sicherlich kennen Sie John Kornblum. Der übergewichtige ehemalige US-Diplomat ist schließlich Dauergast auf den Talkshow-Sesseln der Republik. Immer wenn es darum geht, die Sichtweise der USA auch offiziell zu vertreten, findet man offenbar nur Kornblum, der jedoch nie etwas wirklich Relevantes zur Debatte beizutragen hat. Kornblum wird nach alter Väter Sitte dabei stets als ehemaliger US-Botschafter in Deutschland vorgestellt. Wäre man kritisch und wollte man auf die persönlichen Interessen des Herrn Kornblums hinweisen, könnte man ihn freilich auch als Deutschland-Chefs der Investmentbank Lazard vorstellen – diesen Posten hat er immerhin von 2001 bis 2009 inne. Ferner sitzt Kornblum in zahlreichen transatlantischen Think Tanks und Aufsichtsräten der Industrie – zum Beispiel in dem des Rüstungskonzerns Thyssen-Krupp – und Finanzwirtschaft. Nebenbei arbeitet Kornblum auch noch als Berater – unter anderem für den Pharma-Multi Pfizer. Trotz dieser langen Liste von sicher sehr lukrativen Tätigkeiten wird Kornblum von der ARD jedoch als Diplomat vorgestellt; **Interessenkonflikte werden verschwiegen, die »Neutralität« nicht in Frage gestellt.**

Die Entdeckung vermeintlicher Interessenkonflikte

So gut hat es Michael Lüders nicht. Der Politik- und Islamwissenschaftler war zehn Jahre lang Nahost-Redakteur der ZEIT und gilt als ausgewiesener Experte für diese Region. In dieser Funktion ist er auch als Berater tätig – u.a. für das Auswärtige Amt, für die GTZ und das ehemalige Entwicklungshilfeministerium. Auch wenn es da sicher Interessenkonflikte geben könnte, ist die Spannung zwischen inhaltlicher Positionierung und wirtschaftlicher Tätigkeit bei Lüders viel geringer als bei den allermeisten Gästen deutscher Talkshows. Nichtsdestotrotz wurde Lüders bereits im Vorspann nicht als Nahostexperte, sondern als »Autor, Politik- und Wirtschaftsberater« vorgestellt. Gastgeberin Will setzte noch einen drauf und versuchte sich bei der persönlichen Vorstellung ihres Gastes mit folgender – von der Karte abgelesener – Erklärung:

»Wir haben Sie bewusst nicht als einen neutralen Nahostexperten vorgestellt, sondern als Autor, als Politik- und Wirtschaftsberater. Sie sind ein Geschäftsmann, der sein Wissen an Firmen weiterverkaufen will, die im Nahen Osten Geschäfte machen wollen.

Spielen ihre wirtschaftlichen Interessen da eine Rolle, wenn Sie behaupten, dass es der Westen sei, der Syrien ins Chaos gestürzt hat«.

Kritisch, kritisch, Frau Will. Wann hat man eine solche Frage je von einem deutschen Talkmaster gehört? Aber warum stellt man diese Frage ausgerechnet Michael Lüders? Es wäre ja durchaus auch mal interessant zu wissen, welche persönliche wirtschaftliche Interessen John Kornblum und dessen Auftraggeber und Geschäftspartner haben. Und wenn es schon mal um die »Experten« geht. Warum entzieht Frau Will nicht den zahlreichen Renten-, Finanz- und Wirtschaftsexperten, die oft direkt in Diensten von Unternehmen mit klar definierten wirtschaftlichen Interessen stehen, ihren »Expertenstatus«? Warum weist man ansonsten nicht darauf hin, dass der vermeintlich neutrale und objektive Herr Professor sein Geld von Unternehmen bekommt, die ganz und gar eigennützige Interessen verfolgen? Das Problem der Interessenkonflikte bei Experten ausgerechnet an Michael Lüders öffentlich abzuhandeln, ist geradezu grotesk … und genau deshalb so erfolgreich. Medien wie Spiegel Online übernehmen bereits den Terminus.

Offenbar soll an Michael Lüders ein Exempel statuiert werden. Lüders hat sich in den letzten Jahren immer wieder klar kritisch positioniert und verfolgt in seinen beiden letzten Büchern *Wer den Wind sät* und *Die den Sturm ernten* eine klare Linie. Lüders hinterfragt dabei die von den Transatlantikern erzählten Erklärungen über den Nahen und Mittleren Osten und deckt deren Widersprüche auf. Seine Version der Geschichte klingt klar anders und sollte vor allem für kritische Geister ein aufklärender Weckruf sein.

Vorhang auf für den Talkshow-Troll

Wer die Wahrheit sagt, braucht ein verdammt schnelles Pferd. Es ist sicher nicht wirklich überraschend, dass das Meinungsmacher-Establishment nun versucht, Michael Lüders' Ruf zu desavouieren. Die Richtung gab bei Anne Will der bullige John Kornblum vor: »**Verschwörungstheorien**« seien es, die Lüders da verbreite, so Kornblum. Eine Begründung dafür blieb freilich aus. Und wer nun denkt, Anne Will hätte ihren Gast gegen diese Attacke unterhalb der Gürtellinie in Schutz genommen, der täuscht sich. Ganz im Gegenteil. Nicht das Opfer, sondern Täter Kornblum bekam von der ARD-Journalistin verbale Rückendeckung. Das nutzte der amerikanische Talkshow-Troll natürlich aus und erklärte dem Publikum dann auch gleich sein Glaubensbekenntnis: »Ihre Version, was im Nahen Osten passiert ist, ist natürlich so wunderbar geschliffen und **so wunderbar antiamerikanisch und antiwestlich, dass sie gar nicht stimmen kann**«. Anstatt eines Tuschs und eines Narrhallamarschs bekam Kornblum für derlei bemerkenswerten Unsinn von einigen wenigen, dafür umso lautstärkeren Zuschauern donnernden Applaus. Dass die Transatlantiker ihre Claqueure im Studio positioniert hatten, ist sicher auch nur so eine Verschwörungstheorie.

Und so ging es weiter. Vor allem das transatlantische Gästetrio von der Leyen, Kornblum und Wolffsohn spielte sich bei dem Generalangriff auf Lüders' Glaubwürdigkeit immer wieder geschickt die Bälle zu. Er vertrete »eine Einzelmeinung«, mal hieß es, man »kenne ja seine Thesen«, mal kannte man gleich »seine Methoden«. Und überhaupt – das seien ja die altbekannten Argumente »Syriens und Irans«. Gern baute man dabei verbale Strohmänner auf, auf die man dann gemeinsam mit der Moderatorin einschlug. Dass Lüders diese Dinge nie behauptet hat, spielte dabei gar keine Rolle. In 1:4-Unterzahl konnte Lüders wenig ausrichten.

Ach Uschi, mach kein Quatsch

Neben dem schlimmen Lüders-Bashing hatte die gestrige Sendung jedoch noch einen zweiten »Handlungsstrang« – und zwar die Selbstdemontage der Verteidigungsministerin von der Leyen. Und dies wiederum ist vor allem dem fünften Gast zu verdanken –

Jan van Aken von der Linkspartei, der vor seinem politischen Leben als Biowaffeninspekteur der Vereinten Nationen tätig war, hakte dankenswerterweise meistens dann ein, wenn Anne Will wieder einmal schlecht vorbereitet war und von der Leyen selbst offensichtliche Lügen durchgehen ließ. Das musste heute selbst die *Welt* – die bekanntlich ja kein Freund der Linken oder Kritiker von von der Leyen ist – lobend anerkennen.

Jan von Aken konnte jedoch nicht überall sein und seine Redezeit hätte auch gar nicht gereicht, um alle Lügen der Verteidigungsministerin zu benennen. So kam es dann zu solchen Dialogen:

Von der Leyen: »[…] Die erste Sache ist die, dass nachweislich Assad 2013 bereits mit Giftgas seine Bevölkerung angegriffen hat.« Will: »Das ist aber nicht erwiesen.« Von der Leyen: »Das ist erweisen, weil es gab von den Vereinten Nationen und der Organisation zum Verbot der chemischen Waffen einen gemeinsamen Bericht, sehr akribisch dargelegt, der im August 2016 veröffentlich wurde, in dem das eindeutig nachgewiesen worden ist«. Will: »Es ging aber nicht darum, die Schuldfrage zu klären.« Von der Leyen: »Nein, nein. Es ging darum, was das Nachvollziehbare ist. Das heißt, er hat einen Giftgasangriff gegen seine Bevölkerung geführt. Und er hat mit hoher Wahrscheinlichkeit auch jetzt in Idlib wieder einen Giftgasangriff geführt«.

An diesem Dialog ist von beiden Seiten so ziemlich alles falsch, was falsch sein kann. Dass Assad 2013 beim Giftgasangriff von Guta (um den es beim Dialog ging) Giftgas eingesetzt hat, ist eben nicht erwiesen. Erwiesen ist, dass Sarin eingesetzt wurde – vom wem, ist jedoch nach wie vor ungeklärt. Und genau das sagt auch die UNO. Doch ihr 38 Seiten starker Report bleibt bei der Frage des Verantwortlichen wohlweislich neutral. Dieser Bericht wurde jedoch im September 2013 – rund einen Monat nach dem Angriff – veröffentlicht. Von der Leyen spricht von einem Bericht aus dem August 2016. Und nun wird es völlig grotesk.

Denn der Bericht von den Vereinten Nationen und der Organisation zum Verbot der chemischen Waffen, den von der Leyen meint, hat mit den Angriffen aus dem Jahre 2013 überhaupt nichts zu tun. Stattdessen hat man neun verschiedene Giftgasangriffe aus den Jahren 2014 und 2015 untersucht. Und dabei kam man in genau drei Fällen zu Ergebnissen, die eine klare Täterschaft herleiten lassen: Bei zwei Vorfällen (Talmenes, April 2014 und Sarmin, März 2015) konnten die Ermittler Beweise finden, dass die syrische Armee Chlorgas eingesetzt hat. In einem weiteren Fall (Marea, August 2015) fand man Beweise für einen Senfgasangriff durch die Kämpfer des IS.

Dass es momentan keine Indizien oder gar Beweise dafür gibt, dass Assad hinter dem aktuellen Giftgasangriff von Idlib stehen könnte, erklärt sich von selbst. Es kann ja im Trubel des Alltags mal passieren, dass man ein paar Sachen vergisst oder falsch in Erinnerung hat. Aber Ursula von der Leyen benutzt diese Argumentationskette ja nicht, um bei einer bierseligen Diskussionsrunde Recht zu bekommen, sondern um einen offiziellen Casus Belli für eine deutsche Beteiligung an den völkerrechtswidrigen Kriegshandlungen der USA in Syrien zu konstruieren. Das ist kein Geplänkel und kein Spiel, sondern bitterer Ernst. Und hier macht sich dann auch Anne Will schuldig. Man darf von der Leyen nicht mit solchen Lügen durchkommen lassen – auch dann nicht, wenn man »nur schlecht vorbereitet« ist.

Das Beispiel »Exportüberschüsse« zeigt: Merkel betreibt eine Politik gegen die eigene Bevölkerung

24. Mai 2017 / von Jens Berger

Erst in der letzten Woche haben die Macher der Anstalt dem Publikum vortrefflich erklärt, wie es zu den deutschen Exportüberschüssen kommt und warum diese Überschüsse ein Problem sind. Angela Merkel wird die Sendung wahrscheinlich nicht gesehen haben. Das legen zumindest die volkswirtschaftlichen Thesen nahe, die die ewige Kanzlerin vorgestern an einer Berliner Schule zum Besten gegeben hat. Wieder einmal kommt der Verdacht auf, dass Merkel mit der gesamten Thematik heillos überfordert ist. Kann oder will sie nicht verstehen, um was es bei den Exportüberschüssen geht? Da die Kanzlerin eine promovierte Physikerin ist und auch ansonsten nicht eben auf den Kopf gefallen ist, muss man wohl von Letzterem ausgehen. Das heißt dann aber auch, dass die Kanzlerin eine Politik gegen die unteren 99 Prozent der Bevölkerung verfolgt. Warum will der Wähler davon nichts wissen?

Welche volkswirtschaftlichen Kenntnisse darf man von einer Kanzlerin erwarten, die die »schwäbische Hausfrau« zu ihrem ökonomischen Ideal erklärt hat? Nicht viel, das ist klar. Wenn es eine rote Linie in Merkels ökonomischen Weisheiten gibt, dann ist es wohl die Erkenntnis, dass sie das Konzept einer gesamtwirtschaftlichen Betrachtungsweise nicht verinnerlicht und vielleicht noch nicht einmal verstanden hat. Besonders deutlich werden Merkels intellektuelle Fehlleistungen immer dann, wenn es darum geht, volkswirtschaftliche Probleme mit Argumenten zu verharmlosen, die sie offensichtlich 1:1 von Unternehmenslobbyisten vorgesetzt bekommen hat. Ein vortreffliches Beispiel dafür ist ihre jüngste Aussage zu den deutschen Außenhandelsüberschüssen:

»Der Euro ist zu schwach wegen der EZB-Politik, und damit sind deutsche Waren verhältnismäßig billig.« Zweitens sei der Erdölpreis sehr niedrig. Wenn dieser höher läge, würde die Handelsbilanz des Öl-Importlandes Deutschland sofort anders aussehen. *Angela Merkel – zitiert von Reuters*

Das ist gleich ein ganzes Knäuel von teilweise aufeinander aufbauenden Aussagen, die sicher oberflächlich noch nicht einmal falsch klingen. Dieser Eindruck täuscht jedoch. Versuchen wir doch einmal das Merkelsche Knäuel zu entwirren und die Aussagen einzeln zu überprüfen:

Der Euro ist schwach

Eine Währung kann natürlich nie absolut stark oder schwach sein, sondern immer nur in Relation zu anderen Währungen. Um zu beurteilen, ob der Euro nun momentan »stark« oder »schwach« ist, muss man sich also die relative Wechselkursentwicklung zu den Währungsräumen anschauen, die für den Außenhandel der Eurozone am wichtigsten sind. Der Euro ist in der mittelfristigen Perspektive beispielsweise schwach gegenüber dem Dollar und gegenüber dem Schweizer Franken, aber stark gegenüber dem britischen Pfund, dem japanischen Yen, dem russischen Rubel, der norwegischen Krone und der türkischen Lira. Eine Sonderrolle nimmt der chinesische Renminbi ein, der nicht frei gehandelt wird. **Von einer generellen Schwäche des Euros zu sprechen, ist also falsch.** Bestenfalls kann man von einer relativen Schwäche gegenüber dem Dollar sprechen; die USA stehen jedoch auch nur für ein Fünftel der deutschen Exportüberschüsse. Eine monokausale Erklärung bietet der Euro also nicht.

Die EZB ist Schuld für die relative Schwäche des Euro

Die großen Währungsräume befinden sich seit spätestens 2010 in einem offenen Währungskrieg, bei dem jede Zentralbank ihre eigene Währung mit aller Kraft abwerten und die eigene internationale Wettbewerbsfähigkeit auf Kosten der Nachbarn erhöhen will. Die negativen Auswirkungen dieser Kriege sind ein globales Problem – ob dadurch aber wirklich die Wechselkurse auch langfristig beeinflusst werden, ist umstritten. Langfristig bestimmen Angebot und Nachfrage den Wechselkurs einer Währung. Für die relative Schwäche des Euros gegenüber bestimmten anderen Währungen ist daher auch vor allem die deutsche Niedriglohnpolitik verantwortlich.

Deutsche Produkte und Dienstleistungen sind günstiger, als sie sein müssten und werden daher häufiger international nachgefragt – daraus folgt, die Nachfrage nach Euros, die benötigt werden, um diese Güter zu kaufen, steigt. Gleichzeitig haben die deutschen Konsumenten jedoch weniger Geld in der Tasche – daraus folgt, die Nachfrage nach anderen Währungen sinkt, da relativ weniger Güter importiert werden. Nach dem Prinzip von Angebot und Nachfrage müsste der Euro nun eigentlich aufwerten. Stagnierende Reallöhne führen jedoch dazu, dass diese Effekte konterkariert werden. **Nicht der relativ schwache Euro, sondern die zu niedrigen Löhne sind Ursache der Exportüberschüsse.** Man sollte hier Ursache und Wirkung nicht vertauschen. Ob die EZB-Politik überhaupt einen Einfluss auf die Außenhandelsbilanz hat, ist eine andere Debatte, die man hier nicht führen muss. Um es kurz zu machen: Ein Einfluss ist zwar vorhanden, man sollte ihn jedoch auf keinen Fall überbewerten, da die realen Güter- und Dienstleistungsströme um ein Vielfaches einflussreicher sind.

Ist der Euro überhaupt derart relevant?

Wenn man – so wie ich es hier tue – nun über den Euro und die EZB debattiert, ist man der Kanzlerin schon in die Falle gegangen, da man unwissentlich das Narrativ akzeptiert hat, dass der Eurokurs überhaupt relevant für die deutschen Exportüberschüsse ist. So klar ist das jedoch keinesfalls. Der Euroraum als Block hat nämlich nur marginale Exportüberschüsse gegenüber dem Rest der Welt und die Überschüsse der EU sind sogar noch geringer. Besonders problematisch sind daher auch nicht die Außenhandelsüberschüsse des Euroraums gegenüber den USA oder der Schweiz, sondern die Überschüsse Deutschlands gegenüber den anderen Eurostaaten. Und dafür kann der Wechselkurs des Euros gegenüber anderen Währungen natürlich nicht verantwortlich sein.

Richtig ist jedoch auch, dass die deutsche Exportwirtschaft massiv vom Euro profitiert, da Deutschland sich durch den Euro relative Kostenvorteile gegenüber anderen Volkswirtschaften ergattern konnte. Ansonsten wäre die alte D-Mark aufgrund der Verschiebung von Angebot und Nachfrage bereits massiv aufgewertet worden – die Schweiz kann ein Lied davon singen. Die relative Wettbewerbsschwäche von Ländern wie Griechenland, Italien oder auch Frankreich sorgt so dafür, dass die deutsche Währung nicht allzu stark aufwertet und die Wettbewerbsfähigkeit hoch bleibt. **Das ist wunderbar für die Aktionäre der exportorientierten Unternehmen, aber gar nicht gut für den Rest der Bevölkerung, da die Kaufkraft der Deutschen dadurch ebenfalls künstlich niedrig gehalten wird.**

Der Euro spielt also schon eine Rolle für die Exportüberschüsse Deutschlands – jedoch nicht im Sinne der Argumentation Merkels.

Ist der niedrige Ölpreis für die deutschen Exportüberschüsse verantwortlich

Angela Merkel hat auch eine plausibel klingende Erklärung für die stetig steigenden Exportüberschüsse: Die Ölpreis soll dafür verantwortlich sein, dass Deutschland immer mehr exportiert und immer weniger importiert. Dieses Argumentationsfragment

Der deutsche Außenhandelsüberschuss und der Ölpreis

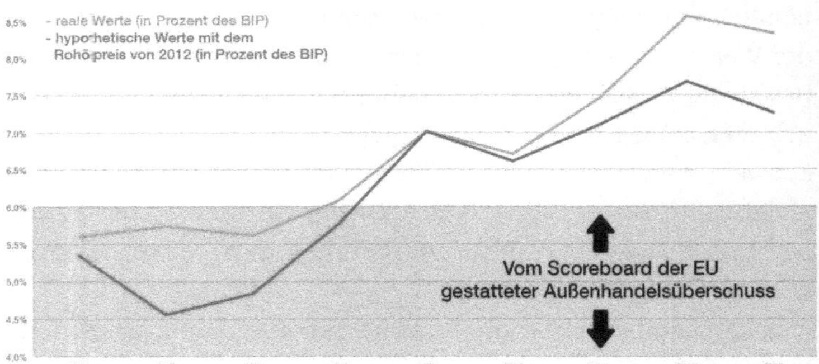

kennt man auch schon aus den Erklärungen der Arbeitgeberverbände. Und auf den ersten Blick klingt das ja auch durchaus plausibel. Von 2010 bis in den Sommer 2014 lag der Rohölpreis durchgängig über 100 Dollar pro Barrel. Seitdem schwankt er mit Ausreißern um die 50 Dollar pro Barrel – also nur noch die Hälfte. Vollkommen klar – wenn wir weniger für den Importrohstoff Öl ausgeben, steigen automatisch die Exportüberschüsse. Aber reicht das als Erklärung aus?

Nein. Denn dafür ist das Handelsvolumen viel zu gering. Im letzten Jahr hat Deutschland Öl im Wert von 25,9 Milliarden Euro importiert. Der Exportüberschuss war demnach zehnmal so hoch wie der Gesamtwert der Rohölimporte. Selbst wenn man einmal hypothetisch unterstellen würde, dass der Ölpreis immer noch auf seinem Maximum von 2012 (125 US-Dollar pro Barrel, bei 59,8 Milliarden Euro Ölimporten für Deutschland) verharren würde, lägen die deutschen Exportüberschüsse noch bei 228 Milliarden Euro und damit bei 7,3 Prozent des Bruttoinlandproduktes – weit oberhalb der Sechs-Prozent-Grenze, die im gesamtwirtschaftliches Ungleichgewichtsverfahren der EU als offizieller Grenzwert festgelegt wurde. Wobei nicht vergessen werden darf, dass dieser absurd hohe Grenzwert nur aufgrund massiver deutscher Lobbyarbeit zustande kam. Die Aussage Merkels, dass die deutsche Handelsbilanz mit einem anderen Ölpreis ganz anders aussähe, ist also eine reine Nebelkerze.

Verharmlosungen, Nebelkerzen und Stammtischparolen

Angela Merkel gibt sich redlich Mühe, das Problem der Außenhandelsüberschüsse als eine Art Naturgesetz darzustellen. Die EZB und der Ölpreis … auch wenn die Erklärungen volkswirtschaftlich wirklich hanebüchen sind, sie haben den Vorteil, dass sie nicht im Handlungsrahmen einer Kanzlerin liegen und dank der chronischen Denkfaulheit der schreibenden Zunft ohnehin nicht hinterfragt werden. Angela Merkel ist also fein raus. Und wer weiß, dass er nicht von kritischen Journalisten, sondern von Hofschranzen umgeben ist, der kann dann auch mal den Populisten herauskehren und zünftige Stammtischparolen zum Besten geben:

Es müssten aber auch in anderen EU-Staaten gute Waren produziert werden, die die Deutschen kaufen wollten. Dies könne eine Regierung nicht anordnen. *Angela Merkel – zitiert von Reuters*

Das lässt sich ebenso populistisch kontern: Natürlich trinkt der Michel lieber einen niedersächsischen Doppelkorn anstatt eines schottischen Macallans, verspeist lieber ein Industrieschnitzel aus dem münsterländischen Schweinegürtel anstatt eines abgehangenen amerikanischen Porterhouse-Steaks und bevorzugt das mecklenburgische Rapsöl gegenüber kaltgepresstem Olivenöl aus der Toskana, weil die deutschen Produkte einfach besser sind. Alleine der Gedanke, dass der Erfolg einiger deutscher Produkte für den Massenmarkt auch etwas mit dem Preis und dem bescheidenen Budget der Kunden zu tun haben könnte, scheint im politischen Deutschland ein Tabu zu sein.

Glaubt die Kanzlerin eigentlich selbst, was sie da sagt? Nein, das kann ich mir nicht vorstellen. Angela Merkel ist vieles, aber nicht unbedingt dumm und als Kanzlerin hat sie es auch nicht nötig, opportunistischen Unsinn nachzuplappern, weil dies der Karriereplanung förderlich ist. **Wenn aber weder Dummheit noch Opportunismus eine Rolle spielen, dann kommt nur noch eine Lösung in Frage: Merkel ist eine ideologische Überzeugungstäterin, die ihre Halbwahrheiten geschickt einsetzt, um eine Politik zu befördern, die einer kleinen Elite nutzt, dem Großteil der Bevölkerung aber nur Nachteile bringt.** Erstaunlich, dass Merkel dennoch von einer absoluten Mehrheit der Deutschen gewählt wird und auch mit sehr viel Fantasie keine Alternative zu ihr greifbar scheint. Offenbar leiden wir an einem kollektiven Stockholm-Syndrom.

Prof. Dr. Boom … Journalismus von seiner bizarrsten Seite

7. Juni 2017/von Jens Berger

Wussten Sie eigentlich schon, dass Deutschland momentan einen »phänomenalen Boom« durchläuft? Dies ist zumindest die Geschichte, die uns Spiegel-Online-Autor Henrik Müller auftischt. Mit einem Boom ist bekanntlich nicht zu spaßen … erst recht dann nicht, wenn er phänomenal ist. Daher ist es auch Müllers größte Sorge, dass der aktuelle Boom bereits jetzt das Risiko für eine heftige kommende Krise in sich trägt; zumindest dann, wenn die Politik nicht auf die Bremse tritt. Sie haben richtig gelesen: Müller empfiehlt der Regierung allen Ernstes, jetzt eine Politik einzuleiten, mit der vor allem die Binnenkonjunktur gebremst wird – zum Beispiel »höhere Steuern für Normalverdiener«. Das klingt nicht nur bizarr, sondern ist es auch. Noch bizarrer wird das Ganze, wenn man sich vor Augen hält, dass Müller nicht der neue SPON-Volontär ist, sondern im Hauptberuf als Professor Wirtschaftsjournalismus an der TU Dortmund lehrt. **Was mag wohl dabei herauskommen, wenn man die schlimmsten Wirtschaftsjournalisten auch noch den Nachwuchs ausbilden lässt?**

Dem Physiker Hugh Everett zufolge gibt es unzählige Parallelwelten, in denen jede nur denkbare Form der Geschichte real existent ist. In mindestens einer dieser Welten durchlebt Deutschland demnach momentan auch einen Wirtschaftsboom; die Unternehmen können sich vor Aufträgen kaum retten und investieren, was das Zeug hält, es herrscht Vollbeschäftigung und da jede Hand benötigt wird, ist der Begriff »Niedriglohn« auch eine Reminiszenz an düstere, längst vergessene Tage. In dieser Parallelwelt scheint Henrik Müller zu Hause zu sein. Anders sind seine abenteuerlichen Analysen kaum nachzuvollziehen. So beschreibt er in seinem jüngsten Bericht dann auch ein Land, das nur entfernt an das real existierende Deutschland erinnert.

Die Bundesrepublik erlebt derzeit einen phänomenalen Boom. Die Beschäftigung, die Staatseinnahmen, der Export, die Stimmung der Unternehmen […] – alles auf Rekordhöhe. Die Immobilienpreise steigen rasant […] Der Bausektor expandiert. Konjunkturforscher sind sich weitgehend einig: Deutschlands Produktionskapazitäten arbeiten bereits seit einiger Zeit jenseits normaler Auslastungsgrade. […] alle sagen vorher, dass die deutsche Wirtschaft auf Sicht überhitzt bleiben wird.

Das sind erstaunliche Aussagen. Einige Punkte (zum Beispiel die Stimmung der Unternehmen) sind fragwürdige Indikatoren noch fragwürdigerer Wirtschaftsforschungsinstitute, die kaum überprüfbar sind. Andere Indikatoren, wie der Immobilienpreis, taugen nicht, um Aussagen über das Vorhandensein eines Wirtschaftsbooms zu machen. Weitere Indikatoren sind vor allem eine Frage der Perspektive oder sagen sogar das Gegenteil vom Müllers Boomstory aus.

1. Der Arbeitsmarkt

Mit aktuell 3,5 Millionen Erwerbslosen sind wir weit von einer Vollbeschäftigung entfernt. Müllers »Rekordhöhe« bezieht sich auf die Zahl der gesamten Erwerbstätigen. Das ist zwar korrekt, aussagekräftiger ist jedoch eigentlich die Zahl der Vollzeitstellen und die liegt laut Mikrozensus immer noch rund zwei Millionen unter dem ersten Wert des wiedervereinigten Deutschlands aus dem Jahre 1991. Die Zahl der Beschäftigten in »atypischen« Arbeitsverhältnissen hat indes im gleichen Zeitraum um drei Millionen zugenommen. Man kann diese Zahlen verschieden interpretieren. Aber von einem Boom kann man hier ganz sicher nicht sprechen. Noch nicht einmal die offizielle Arbeitslosenquote gibt dies her – sie liegt mit 5,6 Prozent gerade einmal 0,4 Prozentpunkte unter dem Vorjahreswert. Das ist freilich kein schlechter Wert, der jedoch auch unter dem Gesichtspunkt betrachtet werden muss, dass Deutschland nicht nur Güter und Dienstleistun-

Offizielle Arbeitslosigkeit im Mai 2017

2.497.718

Tatsächliche Arbeitslosigkeit im Mai 2017

3.500.804*

*** Nicht berücksichtigt wurden:**

Älter als 58, beziehen Arbeitslosengeld I und/oder ALG II	161.177
Ein-Euro-Jobs	85.178
geförderte Arbeitsverhältnisse	7.339
fremd geförderte Arbeitsverhältnisse	257.609
Bundesprogramm Soziale Teilhabe am Arbeitsmarkt	12.068
berufliche Weiterbildung	170.609
Aktivierung und berufliche Eingliederung	233.687
Beschäftigungszuschuss für schwer vermittelbare Arbeitslose	2.508
Krankheit (§146 SGB III)	72.911
Nicht gezählte Arbeitslose gesamt	**1.003.086**

Quellen: Bundesagentur für Arbeit: Arbeits- und Ausbildungsmarkt in Deutschland. Monatsbericht 05/2017

2. Die Wirtschaftsentwicklung

Wenn man von einem »Wirtschaftsboom« spricht, muss natürlich zunächst einmal die Wirtschaft boomen. Das ist eigentlich selbstverständlich. Doch genau dies ist gar nicht der Fall.

Die aktuelle Wirtschaftsentwicklung ist auf niedrigem, aber stabilem Niveau. Wie man angesichts der Zahlen von einem Boom sprechen kann, ist jedoch ein Rätsel. Aktuell wächst die Wirtschaft preis-, saison- und kalenderbereinigt um 0,6 Prozent pro Quartal. Schaut man auf die lange Reihe des Statistischen Bundesamts und vergleicht sie mit den Zahlen seit 1970, kommt man zum Ergebnis, dass dieser Wert das exakte Mittelmaß ist. In 92 der 185 gelisteten Quartale ist die Wirtschaft gleichstark oder

stärker gewachsen, in weiteren 92 Quartalen war das Wirtschaftswachstum schlechter. **Die aktuellen Werte sind demnach kein Grund zur Panik, aber ganz sicher auch kein Grund, um von einem Boom zu sprechen. Ansonsten müssten wir feststellen, dass sich Deutschland seit 1949 im Dauerboom befindet, was ebenso absurd wäre.**

3. Die Investitionen

Glaubt man Müller, stoßen momentan »überoptimistische Erwartungen die Investitionen an«, man sei gar »blind für die Risiken«. Auch diese gewagte Aussage lässt sich nicht durch statistische Daten untermauern.

Der Blick auf die Bruttoanlageinvestitionen zeigt vielmehr eine erschreckende Normalität. Die Werte pendeln sich bei soliden zwei bis vier Prozent ein, was vor allem an den Investitionen in Immobilien hängt, die in diese Statistik eingehen und im Schnitt einen bis zwei Punkte über den anderen Investitionen liegen. Dies nun aufzuteilen, wäre ein akademisches »Vergnügen«, das keine interessanten Erkenntnisse bringen dürfte. Dass die deutsche Investitionsquote im internationalen Vergleich eher dürftig ist, ist hinlänglich bekannt. Einer der Gründe dafür ist das, was der Ökonom Richard Koo als »Bilanzrezession« bezeichnet hat: Die Haushalte und die Regierungen »müssen« ihre Schulden abbauen und

Ausgaben kürzen. Die Wirtschaft reagiert darauf mit rückläufigen Investitionen und wartet erst einmal ab, wie sich die Nachfrage entwickelt. Vor allem Deutschland verschärft die Situation mit seiner zu geringen Lohnquote noch einmal. Womit wir schon beim nächsten Punkt wären.

4. Der Konsum

Der Konsum hat es Henrik Müller besonders angetan. Um die kommenden Konjunkturdellen abzufedern, will er gar die Nachfrage dämpfen und schlägt allen Ernstes vor, die Konsumausgaben dadurch zu dämpfen, dass man »die Steuern für Normalverdiener« erhöht. Bevor man ernsthaft auf diese Forderung eingeht, sollte man erst einmal überprüfen, ob der Konsum denn tatsächlich »überhitzt« ist.

Wie kaum anders zu erwarten, ist dies nicht der Fall. Zwar steigen die Konsumausgaben der privaten Haushalte von Jahr zu Jahr – allerdings in einem bescheidenen Maßstab, der nur leicht über der allgemeinen Wirtschaftsentwicklung liegt. Dies ist kein Grund, nun hysterisch vor einer »Überhitzung« zu warnen, aber auch kein Grund, sich zufrieden zurückzulehnen. Hinter den »soliden« Zahlen steht nämlich vor allem eine deutliche Preissteigerung in den Bereichen »Energie« und »Wohnen«. Vor allem die punktuell stark steigenden Immobilienpreise haben auch zu höheren Mieten geführt. Dies ist gesamtwirtschaftlich jedoch »nur« eine Verteilung von unten nach oben. Wenn Müller dieses partielle Wachstum durch eine stärkere Besteuerung der Normalverdiener »ausbremsen« will, ist dies gleich in vielfacher Weise kontraproduktiv. Die Betroffenen werden natürlich nicht weniger Geld für ihre Miete ausgeben, sondern an den variablen Ausgaben sparen, was die ohnehin auf Sparflamme laufende Binnenkonjunktur abwürgen könnte.

5. Die Produktion

Last but not least ist Henrik Müller davon überzeugt, dass die Produktionskapazitäten aufgrund des »Booms« ausgeschöpft sind und dringend erweitert werden müssten. Ein Blick auf die Zahlen schafft – wie so oft – Klarheit.

Von einem Boom ist auch auf dem Produktionssektor trotz der starken Exportzahlen überhaupt nichts zu registrieren. Es gibt keine flächendeckenden Engpässe bei den Produktionskapazitäten. Daher ist auch Müllers ohnehin falsche Medizin zur Behandlung dieses nicht vorhandenen Problems unnötig. Für Müller wird die Kapazität nämlich hauptsächlich durch den Mangel an fachkundigem Personal limitiert – der berühmt-berüchtigte Fachkräftemangel. Den gibt es aber – wie wir heute ganz klar wissen – in dieser Form überhaupt nicht. Es gibt regionale Engpässe, die vor allem etwas mit zu niedrigen Löhnen zu tun haben. Und es gibt sektorale Engpässe in Berufen, in denen die Wirtschaft nicht dafür gesorgt hat, dass sie genügend Nachwuchs hat. All dies sind jedoch Probleme, die die Wirtschaft ohne große Probleme mittelfristig lösen kann – bessere Löhne, bessere Aus- und Fortbildung und schon ist der Engpass beseitigt. Müllers Rezepte sind vor allem in diesem Kontext gerade zu lächerlich.

So fordert er beispielsweise »Lohnsubventionen«, um Langzeitarbeitslose in den Beruf zu bringen. Aber was hat dies mit dem Fachkräftemangel zu tun? Wenn ein Betrieb einen Fachingenieur sucht, der beispielsweise praktisches und theoretisches Wissen auf dem Gebiet der Reinigung von Diesel-Abgasen hat, ist er höchstwahrscheinlich kein Langzeitarbeitsloser. Auch klassische »Mangelberufe« wie examinierte Krankenpfleger, Ärzte und MINT-Akademiker sind eher selten arbeitslos und fallen auch nicht wirklich in den Lohnbereich, der subventioniert werden könnte. Arbeitskräfte, die in der Tat ein so geringes Einkommen beziehen, dass eine »Lohnsubvention« hier positive Beschäftigungseffekte hätte, zählen nicht zu den Mangelberufen und haben nichts mit Müllers »Produktionskapazitäten« zu tun. Es geht hier – das muss man klar und deutlich sagen – um etwas ganz anderes: **Müller will den Mindestlohn (neben dem Boom und der Inflation eines seiner Lieblingsthemen) durch »Lohnsubventionen« aushebeln, uns also eine klassische neoliberale Reform unter falschen Vorzeichen schmackhaft machen.** Wen wundert es da, wenn er mit derselben Begründung auch noch das Renteneintrittsalter nach hinten verschieben will.

Ist das noch Journalismus?

Henrik Müllers Artikel ist ein echtes Stück aus dem Skurrilitätenkabinett. Er begründet eine steile These mit faktisch falschen Aussagen, stellt dafür dann eine aberwitzige Diagnose aus und verordnet eine Therapie, die selbst dann kontraproduktiv wäre, wenn seine Diagnose korrekt wäre. Dabei liegt Müller mit seiner Einschätzung so meilenweit daneben, dass einem wirklich schwerfällt, an etwas anderes wie eine Parallelwelt zu glauben, wenn man ihm nicht entweder Unwissen oder aber Vorsatz unterstellen will.

Wäre Henrik Müller ein unbedarfter Volontär, den man trotz erwiesener Ahnungslosigkeit auf dem breiten Feld des Wirtschaftsjournalismus an ein solches Thema gelassen hätte, könnte man die ganze Groteske ja noch verstehen. Aber Henrik Müller ist neben seinem Job als Wirtschaftskolumnist bei Spiegel Online auch noch Professor für Wirtschaftsjournalismus. Das klingt eher so, als sei man mitten in einem Monty-Python-Sketch. Zynisch könnte man sogar sagen, dass Müller eigentlich genau der richtige Lehrer ist, verkörpert er die Fehler der Branche doch hervorragend in seiner Person.

Ginge es nach Müllers früherem Geschwätz, hätten wir beispielsweise heute keinen Boom, sondern eine »Inflation schlimmen Ausmaßes«. Das prognostizierte er nämlich in seinem 2009 erschienenen Buch »Sprengsatz Inflation – Können wir dem Staat noch vertrauen?«. So hat man damals geschrieben und auch der *Spiegel* war stets vorne mit dabei. 2010 befürchtete Müller gar eine »Lohn-Preis-Spirale«, die in Deutschland die Inflation anheizt. Schon damals empfahl er die gleiche »Medizin« wie heute … freilich für eine komplett andere Diagnose. Müller ähnelt hier einem hausierenden Scharlatan, der seinen Patienten für jedes Krankheitsbild die gleiche »Wundertinktur« verkauft. Auch in diesem Punkt ist Professor Müller durchaus repräsentativ für seine Zunft.

Die Sache mit dem »Boom« scheint übrigens ein echtes Steckenpferd von ihm zu sein. Schon Anfang 2014 machte Müller einen »Boom« aus – damals war es allerdings noch ein »heimlicher« Boom, da die statistischen Daten sehr zu Müllers Unbill nicht zu seinem Boom passten. Daran hat sich freilich nichts geändert. Dennoch griff Müller auch Ende 2015 das Thema noch mal auf und diagnostizierte nun bereits eine »Überhitzung« der Konjunktur.

Die Müllersche Parallelwelt folgt offenbar zumindest einem durchgängigen Skript. Nun befinden wir uns demnach auf dem Höhepunkt des sagenhaften Booms und die Rezession steht vor der Tür. Warten wir also gespannt ab, mit welchen Crash-, Rezessions- und Depressionsgeschichten Prof. Dr. Boom uns künftig erfreuen wird. Es bleibt spannend, auch wenn die Grenzen zwischen Fiktion und Realität in dieser speziellen Form des Borderline-Journalismus nicht mehr erkennbar sind.

»Linker Hass«? Wie die Hamburger Krawalle schamlos instrumentalisiert werden

10. Juli 2017/von Jens Berger

Für die *Bild* ist die Welt traditionell schlicht zu deuten: »Linker Hass« sei für den »G20-Terror in Hamburg« verantwortlich. Ins gleiche Horn bläst auch CDU-Nachwuchshoffnung Jens Spahn, der auf Facebook von »vermummten Linksfaschisten« fantasiert, die »Applaus von den Linken« bekämen. *Spiegel*-Hauptstadtbüro-Leiter René Pfister drückt den gleichen Gedanken etwas geschliffener aus: ein Grund für die Ausschreitungen liege darin, »dass die deutsche Linke es immer noch schafft, blinder Zerstörungsgeilheit ein politisches Mäntelchen umzuhängen.« All dies ist erstaunlich, diskreditieren die Gewaltexzesse von Hamburg doch

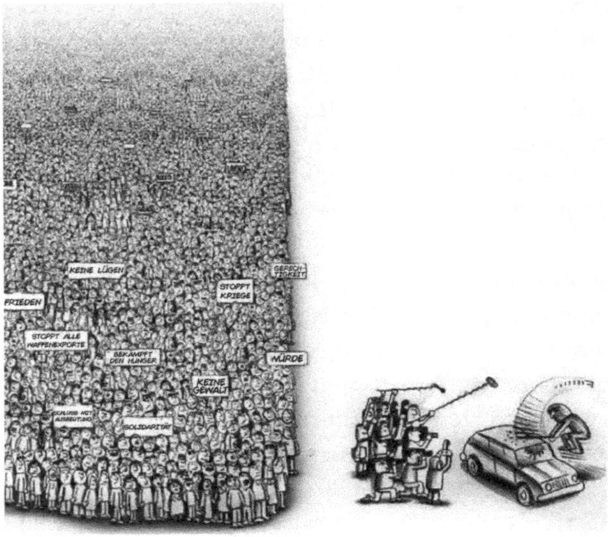

vor allem die echte Kritik am Gipfel, die von der politischen Linken kommt. Wer die Krawalle als »links« einordnet, verfolgt vielmehr selbst die Agenda, gesellschaftspolitische Kritik zu diskreditieren und die politische Linke zu stigmatisieren.

Wer genau die Täter waren, die im Hamburger Schanzenviertel wüteten, ist nicht zu 100 Prozent geklärt. Zahlreiche Befragungen von Anwohnern und Gipfelgegnern, die vor Ort waren, zeichnen jedoch ein ungefähres Bild, das sich mit den allermeisten Reporterberichten in den klassischen Medien ergänzt.[28] Den harten Kern der Gewalttäter bildete offenbar eine mehrere hundert Mann starke Gruppe schwarz gekleideter und vermummter Autonomer, die zu einem großen Teil aus dem Süden Europas kamen. Vor allem Griechen, Italiener und Franzosen sollen hierbei zu den Rädelsführern gehört haben. Unterstützt wurde dieser harte Kern von einer zahlenmäßig größeren, sehr heterogenen Gruppe oft sehr junger Randalierer – meist vermummt und oft in teuren Markenklamotten, darunter den meisten Schilderungen zufolge sehr viele junge Frauen. Die interessante Frage ist: Kann man diese beiden Gruppierungen tatsächlich der politischen Linken zurechnen?

Bei den gut organisierten Autonomen ist die Beantwortung dieser Frage nicht so einfach. Einige von ihnen sind weitestgehend apolitisch, viele sympathisieren aber auch mit Ideologien wie dem »Insurrektionalismus«, einer gewalttätigen Strömung des Anarchismus, bei der die Rebellion im Vordergrund steht. Klassisch linke Interessenvertretungen wie linke Parteien oder Gewerkschaften werden von dieser Form des Anarchismus genauso abgelehnt wie klassisch linke Politik. Ob man diese Strömungen überhaupt der politischen Linken zurechnen kann, ist selbst unter Politikwissenschaftlern mehr als umstritten.

Noch verworrener wird das Bild, wenn man sich die »Krawall-Kiddies« anschaut. In der Tat spielen einige von ihnen auch mit »linker Symbolik«, echte politische Ziele sind ihnen jedoch in der Regel fremd. Meist geht es den gelangweilten Kindern aus »besserem Hause« eher um eine perverse Triebbefriedigung durch Randale und Gewalt. Hamburg war für sie eher ein Abenteuerspielplatz, der G20-Protest ein »Event«; apolitisch und inhaltsleer. So sinnvoll es wäre, diese moderne Gewaltkultur näher zu betrachten, so sinnlos ist es, sie pauschal ins »linke Lager« zu verschieben. Denn was ist bitteschön links daran, wenn ein junger Schnösel am Wochenende zum Randale machen nach Hamburg fährt und dort Kleinwagen anzündet und Geschäfte verwüstet? Noch nicht einmal der Randalierer selbst denkt im Traum daran, dass die Welt gerechter wird, wenn er einen Twingo ansteckt. Warum aber stecken ihn Teile der Medien dann in die »linke Schublade«?

Selbstverständlich gab es in Hamburg auch linken Protest. Bunt, kritisch und natürlich friedlich ... so wie es eigentlich selbstverständlich ist. Der Hamburger Gesprächskreis der NachDenkSeiten war auch mit dabei. An der Großdemonstration »Grenzenlose Solidarität statt G20« nahmen immerhin rund 76 000 Menschen teil, weitere 3 000 bis 5 000 Menschen kamen zur rot-grünen Alibi-Veranstaltung »Hamburg zeigt Haltung«. Diese 80 000 Demonstranten hatten sehr wohl politische Forderungen und waren selbstverständlich friedlich. Dumm nur, dass ihr legitimer Protest in der Dauerberichterstattung über die Ausschreitungen fast vollkommen unterging. Wenn *Bild*, Spahn und *Spiegel* linke Demonstranten suchen, dann wären sie bei diesen friedlichen Demonstrationen fündig geworden. Aber das war ja offenbar gar nicht ihr Ziel. Die fragwürdige Verortung der Randalierer als »Linke« folgt wohl vielmehr einer klaren Agenda.

»Wie konnte es überhaupt zu derartigen Ausschreitungen kommen?«, wird seit Freitag stetig gefragt. Eine plausible Erklärung liefern einige Anwohner des Schanzenviertels selbst (zum Beispiel in der *Welt*[29]) – damit die Staatschefs ungestört ihr Beethoven-

Konzert in der Elbphilharmonie genießen konnten, mussten offenbar tausende Polizisten samt schwerem Gerät in den Süden der Innenstadt verlegt werden und fehlten daher stundenlang im nordwestlich des Zentrums gelegenen Schanzenviertel. Man muss jedoch auch feststellen, dass der Krawall im Schanzenviertel zahlreichen Akteuren sehr gut ins Bild passt. Nun ging es nur noch um Gewalt und Zerstörung und nicht mehr um die legitime inhaltliche Kritik am Gipfel. Und die gesamte politische Linke konnte man gleich mit in die Schublade mit der Aufschrift »Krawallbrüder« stecken. Daher sollte man auch zumindest im Hinterkopf haben, dass das viel zu späte Eingreifen von viel zu wenig Polizisten vor Ort auch genau so gewollt sein kann. Erfahren wird man dies wohl nie.

Dafür spielen Teile der Politik und der Medien bereits verrückt und skandieren,[30] »die Linke« solle sich doch viel stärker von Gewalt distanzieren. Da scheint bei den Kollegen aber einiges durcheinanderzugeraten. Oder haben Sie jemals auch nur im Ansatz mitbekommen, dass Sahra Wagenknecht, Dietmar Bartsch, Bernd Riexinger, Katja Kipping, Gregor Gysi oder auch Toni Hofreiter, Katrin Göring-Eckardt, Martin Schulz oder Sigmar Gabriel (so man sie zur erweiterten politischen Linken zählen will) sich mit derartiger Gewalt solidarisiert hätten? Warum soll man sich von etwas distanzieren, mit dem man sich nie solidarisiert hat? Haben Horst Seehofer und Peter Altmeier sich eigentlich schon mal von den Rechtsradikalen distanziert, die Flüchtlingsheime anzünden? Nein und das müssen sie auch nicht; genau so wenig, wie die politische Linke sich von verwirrten Teilen der autonomen Szene und Krawall-Kiddies distanzieren muss.

Wenn man schon unbedingt einen Vergleich anstellen und eine Schublade suchen muss, dann findet man sie wohl am ehesten beim Hooligan-Problem des Fußballs. Niemand käme auf die Idee, den Familienvater, der sich mit Sohnemann und Töchterchen ein Fußballspiel im Stadion anschaut, direkt oder indirekt für Ausschreitungen verantwortlich zu machen, die gewalttätige Hooligans im Umfeld des Spiels anrichten. Auch den Hooligans geht es nur um die Gewaltgeilheit und die pure Lust an der Zerstörung. Damit haben wir uns unwillig abgefunden. Dass Hooligans keine Fans sind und den Fußball nur als Mittel zum Zweck missbrauchen, ist heutzutage größtenteils akzeptiert. Warum machen wir diese Unterscheidung dann aber nicht auch bei den Krawallen im Umfeld politischer Demonstrationen? Hat der DFB eine bessere politische Lobby als die Gipfelgegner? Oder zählen Gipfelgegner ohnehin nicht zu den Merkel-Wählern, Fußballfans jedoch schon?

Anmerkungen

1 »Al Qaida-Kommandeur: ›Wir kämpfen an der Seite der USA‹«, NachDenkSeiten, 27. September 2016; Zum Thema »Verschweigen« siehe auch das Video der NachDenkSeiten vom 19. August 2016 in der Videoreihe zu Methoden der Manipulation.

2 Siehe dazu auch unseren Artikel auf den NachDenkSeiten vom 12. Juli 2016: »Ein Rückblick auf die perfekte Propaganda im Umfeld des NATO-Gipfels. Daran kann man die Methoden der Manipulation bestens studieren.«

3 »Russlands Vorgehen ist ›Barbarei‹«, tagesschau.de, 25.09.2016.

4 »Her mit der Flugverbotszone«, taz.de, 26. September 2016.

5 Der vollständige Mailwechsel von T.Graef und Campact ist einsehbar unter: http://www.nachdenkseiten.de/?p=35193

6 »Sieg des Zerstörers«, Spiegel Online, 9. November 2017.

7 »Die weiße Revolution«, faz.net, 9. November 2017.

8 »Trumps Sieg ist weiß, männlich, bildungsschwach«, welt.de, 9. November 2017.

9 Der Sieg des Populismus, Deutschlandfunk, 9. November 2017
10 »Der Spuk geht jetzt erst los«, SZ.de, 9. November 2017
11 »Sieg des Enthemmten«, SZ.de, 9. November 2017.
12 »Das größte »Fuck you« aller Zeiten«, n-tv.de, 9.11.2017.
13 »Die Rache der weißen Männer«, Tagesspiegel.de, 9. November 2017.
14 »Amerikas Abwendung von der Welt«, Faz.net, 9. November 2017.
15 »Der Rächer im Weißen Haus«, Faz.net, 9.November 2017.
16 »Der Ernstfall«, Zeit Online, 9. November 2017.
17 »Ganz unten … aber nicht am Ende«, Zeit Online, 9. November 2017.
18 »Das ist das Ende des American Way of Life«, welt.de, 9. November 2017.
19 »Amerika wählt den großen Spalter«, SZ.de, 9. November 2017.
20 Trump und »Breitbart« triumphieren über das Establishment, 9. November 2017.
21 Immer vorausgesetzt, die Schilderungen der Opfer und die veröffentlichten Indizien entsprechen auch der Wahrheit.
22 »How Hackers Broke Into John Podesta and Colin Powell's Gmail Accounts«, motherboard.vice.com, 20.10.2016. [15.08.2017]
23 »Die Hacker-Gruppen ›Sofacy/APT28‹ und ›Sandworm‹«, derstandard.at, 20.09.2016. [15.08.2017]
24 »›Guccifer‹ leak of DNC Trump research has a Russian's fingerprints on it«, arstechnica.com, 16.06.2016. [15.08.2017]
25 »Bundestags-Hack: Angriff mit gängigen Methoden und Open-Source-Tools«, heise.de, 07.03.2017. [15.08.2017]
26 »Viel Wind um einen erfolglosen Phishing-Angriff auf den Bundestag«, Netzpolitik.org, 04.10.2016. [15.08.2017]
27 »Verwirrung um Hackerangriff auf Russlands Zentralbank«, Faz.net, 03.12.2016. [15.08.2017]
28 »Wut und Frust«, Spiegel Online, 09.07.2017. [17.08.2917]
29 »Die Politik hat uns geopfert, für das Elbphilharmonie-Konzert«, Welt.de, 09.07.2017. [17.08.2017]
30 »Die Linke muss sich entscheiden«, Spiegel Online, 08.07.2017. [17.08.2017]

Nachlese für Nachdenker

In einer Zeit der großen Veränderungen, von drohendem Rechtsrutsch und Kriegspropaganda, wird der Widerstand gegen Intoleranz und Unterdrückung zur ersten Bürgerpflicht. Manipulation und Meinungsmache kann man durchschauen – das Handwerk dazu, ein kritischer Geist und ein freiheitlich-demokratisches Grundverständnis müssen aber erst erlernt werden. Dass eine andere Politik jenseits des neoliberalen Mainstreams möglich ist, zeigt etwa Jeremy Corbyn in Großbritannien. Der Amtsantritt von Donald Trump, der Super-GAU für das politische Establishment der USA, ist der wohl beste Beweis dafür, dass sich alles ändern kann, sowohl zum Guten, als auch zum Schlechten. Letztlich können in einer Welt, in der nichts so beständig ist wie der Wandel, nur kritisches Nachdenken und das Hinterfragen von Glaubenssätzen echte Orientierung bieten.

Präsident Trump – wir sind Zeugen einer Zeitenwende

9. November 2016/von Jens Berger

Es war eine Wahl zwischen Pest und Cholera und die Pest hat knapp gewonnen. Der Sieg Donald Trumps ist jedoch nicht überraschend und seine Wähler sind nicht nur durchgeknallte Rednecks. Es ging bei dieser Wahl auch nicht um »links« oder »rechts«. Trump hat es vielmehr geschafft, sich selbst als Kandidaten zu inszenieren, der einen Feldzug gegen das Politik-Establishment führt. In einem Land, in dem die etablierte Politik abgewirtschaftet hat, nur noch neun Prozent der Bevölkerung hinter dem gewählten Kongress stehen und auf Seiten der Demokraten mit Hillary Clinton die Personifizierung des politischen Establishments zur Wahl stand, hatte Trump am Ende die besseren Karten. Sicherlich werden wir in den nächsten Tagen unzählige hämische, hochnäsige und moralinsaure Kommentare aus unseren Medien und der deutschen Politik hören. Dabei sollten wir aber lieber innehalten. Nach dem Brexit ist der Sieg Trumps nun bereits der zweite Wendepunkt der jüngeren Geschichte. Und auch Deutschland befindet sich mitten im Transformationsprozess.

Die Rache der Abgehängten?

Na klar, als linker, liberaler Intellektueller kann man einem Wahlsieg Donald Trumps erst einmal wenig abgewinnen. Der Sieg ist jedoch, so weh dies bei der Analyse tut, folgerichtig. jahre-, wenn nicht gar jahrzehntelang wurde eine Politik gegen die wenig schillernde Mehrheit der Bevölkerung gemacht und die Medien taten ihr Bestes, um mit Brot, Spielen und Meinungsmache den immer größeren Spalt zu überbrücken. **Dass dies nicht endlos klappt, sollte jedem klar sein. Ernsthafte Angebote von der politischen Linken wurden ausgeschlagen. Nun hat die politische Rechte die Deutungshoheit über den Stammtischen und das Establishment ist schockiert. Selbst schuld!**

Am Ende waren es die ehemaligen Industriestaaten im Norden der USA, die den Ausschlag bei der Auszählung der Stimmen gaben. Ohio, Michigan und Wisconsin wählten mehrheitlich Trump. Was früher der wirtschaftliche Motor der USA war, wird heute ironisch als der »Rost-Gürtel« (rust belt) bezeichnet und steht symbolisch für den Abstieg der alten Industriemacht USA. Hier hat man vom Wirtschaftswachstum der Obama-Ära nichts mitbekommen. Im Gegenteil. Hier sind die USA das Land der Hoffnungslosen.

Die Demokraten haben spiegelbildlich in den Staaten besonders gepunktet, in denen die USA ein modernes Land sind, in denen die Absolventen der teuren Elite-Universitäten Unternehmen gründen und der Technologie- und Dienstleistungssektor seine Zentren hat. Hier ist man voll im 21. Jahrhundert angekommen, denkt postmaterialistisch und macht sich mehr Gedanken über LGBT-Rechte und politische Korrektheit als über Chancengleichheit. Die gestrige Präsidentschaftswahl ist somit auch ein Zeichen eines Landes, das in zwei Teile zerbricht, das förmlich zerrissen ist. Die Zahl der Verlierer ist jedoch deutlich größer als die Zahl der Gewinner und so ist es eigentlich kein Wunder, dass man mit einem clintonschen »Weiter so! Wir schaffen das!« nicht abräumen kann.

Warum Trump?

Trump ist keine These. Er ist eine Antithese; die Reaktion auf eine politische Entwicklung, die von einem großen Teil der Bevölkerung als Fehlentwicklung angesehen wird. **Die Reichen werden immer reicher, die Armen immer ärmer und die Mittelschicht rutscht Stück für Stück nach unten ab? Produktive Jobs wandern mehr und mehr in Niedriglohnländer ab? Die Macht der Banken und großen Konzerne nimmt von Tag zu Tag zu? Die Politik schert sich nur noch um das eine Prozent ganz oben und hat die restlichen 99 Prozent aus dem Blick verloren? All dies sind Fragen, die man bei kritischer Analyse bejahen muss.** All dies sind jedoch auch Fragen, auf die die traditionelle Politik keine Antworten liefert. Mehr noch: All dies sind Probleme, die von der traditionellen Politik direkt und indirekt verursacht wurden. Wen aber wählen, wenn die traditionelle Politik nicht die Antwort, sondern das Problem darstellt?

Sind diese Einschätzungen der Trump-Wähler wirklich so falsch? Ich meine nein. Dies- und jenseits des Atlantiks hat sich die

Politik von den Interessen der Mehrheit verabschiedet. Dies- und jenseits des Atlantiks war die Schlagzahl, mit der eine kleine, liberale »Elite« die Gesellschaft modernisiert hat, zu hoch und die Zahl derer, die dabei nicht mitkamen, zu groß. Man hat das Land an der Mehrheit der Bürger vorbeiregiert. Nun schlägt das Pendel zurück.

Demokratie ist die Herrschaft des Volkes, in der die Mehrheit des Volkes die Entscheidungen trifft – so zumindest in der Theorie. In der Praxis wird Politik jedoch allzu oft von einer kleinen Minderheit für eine kleine Minderheit gemacht. Im politischen Dialog werden dabei auch mehr und mehr ausschließlich die Minderheiten angesprochen. Welcher Politiker wagt es denn, den weißen Mann ohne Hochschulabschluss direkt anzusprechen?

Das politische Amerika hat abgewirtschaftet. Die Menschen haben Trump nicht gewählt, weil er ein so kluges Programm hat, sondern weil sie das politische Establishment verachten und Trump der Mann ist, mit dem man nach einer amerikanischen Redensart einen Schraubenschlüssel ins Getriebe wirft, also größtmöglichen Schaden anrichtet. Die Wahl war auch eine Rache am politischen System, dem man nicht mehr zutraut, die Interessen der Mehrheit zu vertreten.

Nun bloß keine Wählerbeschimpfung!

Man sollte es sich nicht zu einfach machen und nun Wählerbeschimpfung betreiben. Trump-Wähler sind nicht per se dumm. Natürlich gibt es unter seinen Wählern auch Menschen, die dumm sind oder ihn aus falschen Gründen wählen. Dies ist jedoch ein Symptom und nicht die Ursache. Die Ursache ist vielmehr das Ergebnis einer jahrzehntelangen neoliberalen Politik, die viele Verlierer und nur sehr wenige Gewinner kennt. Dass sich bei den Verlierern ein, mal mehr, mal weniger konkretes Unbehagen einstellt, ist verständlich.

Der moderne Protest scheint sowohl dies- als auch jenseits des Atlantiks ein Protest zu sein, der von der politischen Rechten dominiert wird. Die politische Linke hat es »im Guten« probiert, doch die offene Hand, die sie dem Establishment anbot, wurde ausgeschlagen. Und für die Schmutzarbeit an den Stammtischen ist die Linke nun mal nicht gemacht. Wahrscheinlich ist sie selbst zu intellektuell, zu politisch korrekt und zu elitär, um populistisch zu werden und die Steilvorlagen zu verwandeln.

Machen wir uns also nichts vor: Wenn die Politik auch weiterhin am Volk vorbeiregiert, werden wir auch in Europa schon bald »unsere« Trumps bekommen. Gerade in Deutschland sollten wir daher auch mit Häme sehr vorsichtig sein. Haben wir Ronald Barnabas Schill schon vergessen? Den trumpesken Richter Gnadenlos, der in Hamburg aus dem Stand rund 20 Prozent der Wählerstimmen bekam? Und was unterscheidet einen Horst Seehofer eigentlich von Donald Trump? Auch die Umfrage- und Wahlerfolge der AfD lassen erahnen, wie nah wir hier in Deutschland den USA sind. Sehr viele AfD-Wähler wählen die Partei nicht, weil sie rechts sind oder was gegen Ausländer haben, sondern weil die AfD es – auch dank Hilfe der Medien – geschafft hat, sich zur Anti-Establishment-Partei zu stilisieren. Wir sind Zeugen einer Zeitenwende. Man braucht diesseits des Atlantiks nicht allzu viel Phantasie, um sich ausmalen zu können, was hier passiert, wenn die Politik nicht schleunigst eine Kehrtwende vollzieht.

Wird nun alles anders?

Nein. Es ist jedoch absehbar, dass in den USA ein konservatives Rollback stattfinden wird. Die Leidtragenden sind die Minderheiten, egal ob es sich nun um Schwarze, Latinos oder die LGBT-Community handelt. Und auch in puncto Gleichberechtigung ist der Sieg Trumps sicher keine gute Nachricht. Es ist jedoch nicht sehr wahrscheinlich, dass Trump nun die flotten Sprüche aus dem Wahlkampf 1:1 umsetzt. Ich lege mich fest: Eine Mauer an der mexikanischen Grenze wird es ebenso wenig geben wie ein Einreiseverbot für Muslime.

Außen- und sicherheitspolitisch ergeben sich durch den Sieg Trumps sogar Chancen. Trump will bessere Beziehungen zu Russland und es ist durchaus wahrscheinlich, dass sich die Ost-West-Beziehungen durch den Sieg Trumps deutlich verbessern. Die Gefahr, dass aus dem neuen Kalten Krieg ein heißer Krieg werden könnte, ist durch die Wahl merklich gesunken. Und auch für die Krisenregionen im Nahen und Mittleren Osten ist der Sieg Trumps sicher keine schlechte Nachricht. Dass Trump eher auf Isolationismus als auf Interventionismus setzt, hat er mehrfach klargemacht. Die Transatlantiker, NATO-Strategen und Falken werden heute Kopfschmerzen haben. Wie wär's mit einer Prise Antiamerikanismus?

Man darf jedoch – im Guten, wie im Schlechten – nicht vergessen, dass der »Anti-Establishment-Präsident« künftig gegen einen Kongress und einen Senat regieren wird, der mit überwältigender Mehrheit mit Kandidaten des Establishments besetzt ist. Schon während des »Budget-Streits« haben Kongress und Senat gezeigt, dass der mächtigste Mann der Welt ohnmächtig ist, wenn man ihm den Haushalt einfriert. Sollte Trump es mit seinem »Anti-Establishment-Kurs« also ernst meinen, ist hier kommender Ärger vorprogrammiert. Aber warten wir lieber ab. Wahrscheinlich wird Trump gar nicht so viel anders machen als seine Amtsvorgänger. Flotte Sprüche sind im US-Wahlsystem schließlich nötig, um sich in den Vorwahlen durchzusetzen. Ob Trump auch nur eine der Forderungen aus seinem Wahlkampf umsetzt, ist vollkommen offen. Nur was passiert, wenn die frustrierten Wähler merken, dass auch ein Trump am Ende des Tages zum Establishment gehört?

Rechtes Gedankengut kann man nicht verbieten … man kann es aber durch gute Politik vertreiben

17. Januar 2017 / von Jens Berger

Sonderlich überraschend ist es nicht, dass das zweite NPD-Verbotsverfahren heute vor dem Bundesverfassungsgericht gescheitert ist. Im Kern hielten die Richter die NPD zwar schon für verfassungsfeindlich. Man erkannte jedoch selbst mit viel Phantasie keine Chance, dass die NPD irgendwann ihre verfassungsfeindlichen Ziele wird durchsetzen können und lehnte daher ein Parteiverbot ab. Die Verhältnismäßigkeit sei nicht gewahrt. Auch wenn dieser Entscheid ärgerlich ist und auf den ersten Blick unverständlich erscheint … im Kern haben die Richter schon Recht. Eine wirklich wehrhafte und sattelfeste Demokratie müsste keine Angst vor ein paar ewig gestrigen Witzfiguren haben. Doch so sattelfest ist unsere freiheitlich demokratische Grundordnung leider auch wieder nicht, wie die jüngsten Ergebnisse und Umfragewerte einer anderen rechten Partei zeigen – der AfD. Mit Verboten kommt man hier jedoch nicht weiter. Wer rechtes Gedankengut bekämpfen will, der sollte lieber alles daransetzen, eine Politik zu verfolgen, mit der man die Herzen und Köpfe gewinnen kann und die Menschen damit gegen rechte Verlockungen immunisiert.

Kaum hatte sich der Nebel aus zahlreichen Falschmeldungen[1] gelichtet, gab es in den sozialen Netzwerken auch schon die erste Kritik am Urteil des Bundesverfassungsgerichts: Karlsruhe sei offenbar auf dem rechten Auge blind, schließlich spielte es beim KPD-Verbot im Jahre 1956 auch keine Rolle, dass die Kommunisten nie eine realistische Chance hatten, aus der Bundesrepublik einen Arbeiter- und Bauernstaat zu machen. Doch dieser Vorwurf geht am Ziel vorbei, da die Karlsruher Richter das Urteil ihrer Vorgänger beim KPD-Verfahren in ihrer Urteilsbegründung explizit kritisieren. Es ist immer besser, einen Fehler einzugestehen, als in einem falschen Verständnis für Kontinuität an alten Fehlern festzuhalten.

Deutschland hat zahlreiche Probleme und wenn man an die Zukunft denkt, kann einem schon oft angst und bange werden. Aber eine Abschaffung des Grundgesetzes und der freiheitlich demokratischen Ordnung durch die NPD gehört sicher nicht zu den größten Sorgen, die man sich heutzutage machen muss. So abstoßend die NPD auch ist, außerhalb der vier ostdeutschen Flächenländer spielt sie de facto keine Rolle mehr. Ihren größten Erfolg außerhalb dieser vier Bundesländer feierte sie 2012 im Saarland, mit bescheidenen 1,2 Prozent und selbst in ihren Hochburgen wie Sachsen ist die NPD nicht mehr in den Parlamenten vertreten und es ist unwahrscheinlich, dass sich daran etwas ändern wird. Doch dies ist kein Grund zum Feiern, da die Zahl rechter Wähler nicht ab-, sondern zugenommen hat; nur dass nicht mehr die NPD, sondern die AfD im Westen, Osten, Süden und Norden dramatisch Stimmen hinzugewinnt. Die NPD ist nun einmal nicht mehr zeitgemäß und spielt in den zeitgenössischen politischen Auseinandersetzungen schlicht keine Rolle mehr. Ganz anders die AfD, die es als einzige Partei im Lande immer wieder schafft, im Zusammenspiel mit den Medien Themen zu setzen.

Anders als die NPD ist die AfD jedoch nicht erkennbar offen verfassungsfeindlich; eine erweiterte Verbotsdebatte ist daher alleine schon aus diesem Grund zum Scheitern verurteilt. Zudem bewirken solche Verbotsdebatten stets eine seltsam anmutende Fraternisation auf beiden Seiten. Gegen die Nazis sind wir alle und wer gegen Nazis demonstriert, ist nie allein. Abgrenzung gegenüber Dritten kann halt auch die Zugehörigkeit zu einer Gruppe stärken. Und wann stehen schon einmal Sozialdemokraten, Kirchenmitglieder, Gewerkschafter, Arbeitgeberverbände und die außerparlamentarische Linke Seit' an Seit'? Doch wofür? Ich will nicht zusammen mit dem Politiker, der neoliberale »Reformen« durchpeitschen will und dem Arbeitgeber, der sich vor seiner gesellschaftlichen und sozialen Verantwortung drücken will, zusammen marschieren; noch nicht einmal gegen Nazis. Auf der anderen Seite bieten Verbotsdebatten für die Angeklagten natürlich auch stets eine hervorragende Plattform, um sich selbst als Opfer in Szene zu setzen. Vor allem die AfD hat es in dieser Rolle ja, seit niemand mehr der NPD zuhören mag, durchaus schon jetzt zur Meisterschaft gebracht. Hört man AfD-Anhängern zu, könnte man beispielsweise glatt denken, die Massenmedien hätten sich gegen die AfD verschworen; dass eher das Gegenteil der Fall ist und die AfD ohne die penetrante Inszenierung durch die Massenmedien in der Vergessenheit verschwinden würde, wird von Seiten der Rechten freilich vehement abgestritten.

Doch zurück zur NPD. Wem wäre – emotionslos durchkalkuliert – eigentlich mit einem Parteiverbot am meisten geholfen? Den Opfern rechter Gewalt? Wohl kaum. Ob der Skinhead, der einen Flüchtling verdrischt, nun Mitglied der NPD oder einer Nachfolgepartei ist, spielt nicht nur für das Opfer keine große Rolle. Politisch hat die AfD der NPD ohnehin das Zepter auf der politischen Rechten abgenommen und die gesamte politische Rechte würde ein Parteiverbot als Verrat des verhassten Staates an seinen eigenen Werten interpretieren und feiern. In Sonntagsreden Hohelieder auf die Demokratie singen und die Meinungsfreiheit feiern und dann Parteien verbieten, sobald diese fundamentale Kritik äußern – diese Argumentationsschiene haben die Karlsruher Richter den Rechten genommen. Kein Rechter kann sich nun als Opfer inszenieren und das ist gut so.

Die beste Methode, die politische Rechte zu diskreditieren, ist es, sie einfach auszulachen und sich über sie lustig zu machen. Ohne dies direkt aufzunehmen, was für das oberste deutsche Gericht auch ungebührlich wäre, haben die Karlsruher Richter den deutschtümelnden Chauvinisten nun durch die Blume gesagt, wie lächerlich und unbedeutend sie doch sind. Der Verzicht auf ein Parteiverbot aufgrund der nicht vorhandenen gesellschaftlichen Relevanz der betreffenden Partei ist wohl der schlimmste Stinkefinger, den man die Nazis zeigen kann.

Die Vorstellung, mit Parteiverboten gegen rechtes, menschenverachtendes Gedankengut vorzugehen, ist ohnehin seltsam weltfremd. Denken wir ernsthaft, die Menschen würden sich von den Nazis abwenden, wenn wir nur die NPD verbieten? So wichtig ist die NPD dann doch nicht und wenn man sich einmal die gesamte politische Rechte anschaut, muss man wohl auch anerkennen, dass ein Großteil der Mitläufer Unzufriedene sind, die nicht unbedingt rechtes Gedankengut teilen, sondern – so paradox dies auch ist – durch Pegida-Märsche, Fremdenfeindlichkeit und die Unterstützung rechter Parteien ihre falsch verstandene Form des zivilen Widerstandes leben. Die Menschen sind unzufrieden und laufen ausgerechnet den Rechten in Scharen in die Arme, um ihrer Unzufriedenheit eine radikale Stimme zu geben, die »von denen da oben« gehört wird. Das ist zwar fürchterlich, aber keineswegs aussichtslos. Die Politik müsste die Warnschüsse nur hören und richtig reagieren. Leider ist jedoch momentan das Gegenteil der Fall.

Wie Albrecht Müller bereits im Mai letzten Jahres anmerkte,[2] ist der eigentliche Rechtsruck in unserer Politik bereits im vollen Gange. Wie auch sonst soll man denn bitte eine neoliberale Politik bezeichnen, die zu einer immer größeren Spaltung der Gesellschaft führt und die Menschen gegeneinander ausspielt? Diese Lektion wurde »verstanden« und nun suchen die Opfer dieser Politik die Verantwortlichen nicht in der Belle Etage, sondern im Asylbewerberheim. Die Saat ist aufgegangen und dafür ist es vollkommen unerheblich, ob wir die NPD nun verbieten oder endlich anfangen, diesen boshaften Abort kranker Ideen durch rigorose Missachtung maximal zu bestrafen.

Und wenn wir schon mal dabei sind: Man muss nicht jedes »auf der Tastatur ausrutschen« einer AfD-Politikerin oder jeden Verbalfurz eines AfD-Politikers kommentieren und schon gar nicht zum Top-Thema der nächsten Talkshow machen. Es ist gesellschaftlich doch ziemlich egal, was ein Herr Gauland über Herrn Boateng denkt oder ob Frau von Storch nun schwangere Flüchtlinge an der deutschen Grenze totschießen lassen will oder doch nicht. Das alles ist gesellschaftlich ungefähr so relevant, wie wenn im Führerbunker ein Sack Reis umfällt. Da man Idioten ohnehin nicht verbieten kann, sollte man sie zumindest ignorieren und wenn man dann noch eine vernünftige Politik anbieten würde, die die Gesellschaft zusammenführt, anstatt sie zu spalten, die zu Chancengleichheit beiträgt, die Kleinen nicht vergisst, Fairness und Integrität vorlebt und Konflikte möglichst friedlich löst, dann – und nur dann – müssen wir auch keine Angst vor der politischen Rechten haben. Lassen wir es doch mal auf einen Versuch ankommen.

Der große Stimmenzuwachs von Corbyns Labour widerlegt gängige Wahlkampfstrategien, die in der politischen Debatte oft gratis aber mit Absicht feilgeboten werden.

13. Juni 2017 / von Albrecht Müller

Was wird einem nicht alles erzählt: Wer Wahlen gewinnen wolle, müsse in die Mitte rücken (1). Und wer erfolgreich sein wolle, passe sich am besten den bisherigen Siegern und/oder den Meinungsführern an (2). Geschlossenheit sei wichtig (3) und wer gewinnen wolle, müsse die Medien für sich einnehmen (4). (1) bis (4) mag da und dort hilfreich sein. Corbyn hat jedoch bewiesen, dass es auch anders geht. Profiliert, eigenständig, differenziert und mit Unterstützung 100tausender von Wählerinnen und Wählern.

1. **In die Mitte rücken**

   Diese Empfehlung ging und geht immer wieder an den eher fortschrittlichen Teil des politischen Spektrums. Die Absicht ist klar: die politische Ordinate wird nach rechts verschoben, wenn der linke Teil in die Mitte und damit nach rechts rückt. Das ist im Sinne der konservativen »Strategen«. Es ist nicht im Sinne einer progressiven Entwicklung und es ist nicht im Sinne der Beteiligung vieler Menschen am politischen Geschehen. Wenn nämlich alle Parteien in die Mitte rücken, dann bleiben viele Menschen orientierungslos und ohne politischen Anker zurück.

   Corbyn und vor ihm schon Sanders haben bewiesen, und auch in Griechenland und Portugal wurde bewiesen, dass in die Mitte rücken nicht nötig ist, um eine große Zahl von Menschen zu erreichen. Sie haben mit einem klaren fortschrittlichen Profil eine große Zahl von Wählerinnen und Wählern ansprechen können.

   Es bleibt zu fragen, ob der Gebrauch der Formel »in die Mitte rücken« überhaupt Sinn macht. Es macht wenig Sinn:

Die meisten Menschen und auch viele führende Politiker sind nämlich auf einer Skala von links nach rechts verschieden zu verorten, je nachdem, welches Thema angesprochen wird. Ein Beispiel aus der Praxis: den früheren Bundeskanzler Helmut Schmidt konnte man bei der Reform des Paragrafen 218 (Abtreibung) weit links einordnen, bei Fragen des Umgangs mit der Jugend hatte er ziemlich reaktionäre Vorstellungen. Das galt auch für die Nachrüstung. Je nachdem, welches Thema in die politische Debatte kam und angesprochen wurde, war er wie viele andere Menschen auch ein linker oder ein rechter oder ein in der Mitte angesiedelter Mensch, je nachdem.

Die Empfehlung, in die Mitte zu rücken, macht also schon deshalb keinen Sinn, weil es immer auf die Themen ankommt, die eine öffentliche Debatte und die Wahlentscheidung bestimmen und bestimmen könnten.

1. **Sich anpassen – an Meinungsführer, an den angeblichen gesellschaftlichen Trend etc.**

Diese Strategie war offensichtlich dem Führungspersonal der SPD und der Grünen im Umfeld des Regierungswechsels von Schwarz-Gelb zu Rot-Grün in den Jahren 1998 folgende empfohlen worden. Mit dem Jugoslawien-Krieg von 1999, mit einer Orgie der Senkung von Unternehmenssteuern und der Entscheidung für die Agenda 2010 wurde beim Übergang in das nächste Jahrhundert mit der Umsetzung dieser Anpassungsstrategie ernst gemacht. Das brachte der Regierung Schröder anfangs vermutlich einige Sympathien, vor allem bei den Begünstigten und bei konservativen Meinungsführern ein. Aber schon 2002 konnte die Wahl gerade noch einmal gewonnen werden. Nach weiteren drei Jahren der Anpassung, 2005, war dann die rot-grüne Koalition am Ende.

Weil der Text einschlägig ist, verweise ich auf meinen Artikel in der *Frankfurter Rundschau* vom 27. Mai 2002. Am zweiten Tag des Erscheinens der NachDenkSeiten ist auf diesen Beitrag unter dem Titel »Sozialdemokraten haben sich als gestaltende Kraft verabschiedet« verlinkt worden.

So lange ist es also schon her, dass die Strategie der Anpassung als fatal zu erkennen war.

Manche merken das nie. Andere brauchen 15 Jahre, um die fatalen Folgen dieser Strategie zu erkennen. Siehe dazu Antje Vollmer und Peter Brandt in einem Beitrag für den Berliner *Tagesspiegel* – Immerhin haben sie die fatalen Folgen erkannt. Das ist jedenfalls um Meilen besser als die Fortsetzung der Ignoranz.

Auf das Phänomen, dass auch intelligente Leute 15 Jahre brauchen, um eine Fehlentwicklung zu erkennen, und dass ein großer Teil der sogenannten Linksintellektuellen – von Negt bis Staeck – es gar nicht mehr merkt, was gespielt wird, wird in einem weiteren Beitrag einzugehen sein.

2. **Geschlossenheit ist wichtig**

   Wenn eine Partei es schafft, geschlossen aufzutreten, ist das sicher eindrucksvoll. Aber bei Volksparteien und auch bei kleineren Parteien, die über zehn Prozent kommen wollen, hilft diese oft hinausposaunte Forderung nichts. Im Gegenteil: Sie müssen verschiedene und manchmal durchaus divergierende Ansatzpunkte für Wählerinnen und Wähler bieten. Die Union macht das zurzeit meisterhaft. Angela Merkel zum Beispiel spricht mit ihrer Flüchtlingspolitik sowohl die engagierten Menschenrechtler als auch die politischen Hardliner an – offene Arme und der Deal mit der Türkei und Wegsehen vom tödlichen Mittelmeer; oder ein paar Reförmchen für die Rechte der Frauen, der Schwulen und der Lesben einerseits und Härte beim Umgang mit Hartz IV Empfängern andererseits.

3. **Ohne Medienunterstützung geht's nicht.**

   Auch hier gilt, dass Medienunterstützung natürlich gut ist, wenn es sie gibt. Wenn Medien aber mehrheitlich auf den politischen Gegner festgelegt sind, dann bleibt nur die Konsequenz: A freundlich auch mit diesen Medien umgehen, B deutlich/freundlich sagen, dass die Medien mehrheitlich festgelegt sind, dass sie Kampagnen machen, und C das Volk mobilisieren, eine Gegenöffentlichkeit aufbauen, 100 tausende von Menschen als Multiplikatoren ausrüsten, fördern, unterstützen und gewinnen. Mundfunk statt Rundfunk.

Dieser notwendige Aufbau der Gegenöffentlichkeit gelingt nicht, wenn den Menschen, die man ja als Wählerinnen und Wähler und als Multiplikatoren gewinnen will, nichts geboten wird. Deshalb ist das eigene Profil, wie in (1) und (2) skizziert, außerordentlich wichtig.

De mortuis nihil nisi bene. – Über die Toten nur Gutes sprechen?

19. Juni 2017/von Albrecht Müller

Helmut Kohl wird gefeiert. Er wird als Kanzler der Einheit und sogar als der bisher überragende Bundeskanzler hochgejubelt. Jetzt soll es sogar zum ersten Mal und einzigartig einen europäischen Staatsakt für ihn geben. Eines der Ziele dieser Jubelei ist offenkundig: Die CDU soll dreieinhalb Monate vor der Bundestagswahl als die Staatspartei erscheinen. Dass Vertreter anderer Parteien an diesen Jubelgesängen mitmachen, ist deshalb besonders abstrus. In diesen Tagen findet damit eine große Geschichtsfälschung statt. Um dies nicht glatt durchgehen zu lassen, muss an gravierende Schattenseiten des Wirkens von Helmut Kohl erinnert werden.

Bevor ich diese Schattenseiten beleuchte, will ich in der ersten Anmerkung an eine positive Seite des Wirkens von Helmut Kohl erinnern:

1. **Helmut Kohl hat als Bundeskanzler** (anders als zuvor in seiner Eigenschaft als CDU-Parteipolitiker in der Opposition) **mit Herz und Verstand für den Abbau des Konfliktes zwischen West und Ost gearbeitet**. Willy Wimmer (CDU) meint, mit Helmut Kohl als Bundeskanzler hätte es keinen Jugoslawienkrieg gegeben, jedenfalls hätte sich Deutschland nicht daran beteiligt. Ob diese Einschätzung stimmt, weiß ich nicht, ich weiß aber aus eigener Beobachtung und aus einer verlässlichen Quelle, dass sich Helmut Kohl die Mühe machte, sich in die Lage anderer, im konkreten Fall in die führenden Personen in der Sowjetunion, also zu seiner Zeit Gorbatschow, hineinzuversetzen bemühte und vermochte.

1989 und 1990, also zu Zeiten des Endes des West-Ost-Konfliktes, war ich mit dem Bonner Korrespondenten meiner Regionalzeitung, der *Rheinpfalz*, befreundet. Klaus Hofmann war auch mit Helmut Kohl befreundet. Er warnte mich damals vor der gängigen Fehleinschätzung im fortschrittlichen Lager von Politik und Medien. Es gab dort, zum Beispiel auch im *Spiegel*, die auch unter Sozialdemokraten und Grünen übliche Lästerei über Helmut Kohl. Nicht sehr liebevoll und durchaus abwertend sprach man von Kohl als von der »Birne« – damit war auch der Unterton einer gewissen geistigen Mittelmäßigkeit verbunden. Klaus Hofmann überzeugte mich davon, dass dahinter gravierende Fehleinschätzungen stecken. Kohl mache sich sehr langfristige und umfassende Gedanken. Das betraf in der damaligen Zeit vor allem die Entwicklung in der Sowjetunion nach dem Ende des Ost-West-Konfliktes.

So jemanden wie diesen Kohl könnte man heute in der Politik gebrauchen. Denn was der Westen und auch die Bundesrepublik Deutschland im Umgang mit Russland tun, lässt darauf schließen, dass die heute handelnden Personen sich keine Gedanken darüber machen, welche Wirkung ihre Agitation und ihre Entscheidungen auf die innere Entwicklung Russlands haben.

Dies war eine Ergänzung der vielen positiven Würdigungen des früheren Bundeskanzlers. Und jetzt zu den Schattenseiten und zu notwendigen Korrekturen der üblichen Einlassungen:

2. **Kanzler der Einheit? Das stimmt nicht einmal als Beantwortung der Frage, wer die Einheit möglich gemacht hat.**
   Der Abbau der Konfrontation zwischen West und Ost und die deutsche Einheit wären ohne die Entspannungspolitik der Regierungen Brandt und Schmidt nicht möglich gewesen. Diese Entspannungspolitik wurde gegen die CDU/CSU eingeführt und von dieser dann im weiteren Verlauf zunächst nur halbherzig begleitet.
   Kanzler Kohl hat sich dann in dieser Funktion um die Vereinigung verdient gemacht, aber hat keineswegs die Grundlagen dafür erarbeitet.

3. **Helmut Kohl hat als Bundeskanzler gravierende Fehlentscheidungen und Fehlentwicklungen beim Prozess der Vereinigung der beiden deutschen Staaten zu verantworten:**
   a. Er hat blühende Landschaften versprochen und damit überzogene Erwartungen erweckt.
   b. Um eine wichtige Grundlage der wirtschaftlichen Blüte, nämlich die Erhaltung und Modernisierung der Betriebe der ehemaligen DDR hat er sich nicht ausreichend gekümmert. Die Tendenz von westlichen Unternehmen, Betriebe in der DDR platt zu machen, hat er nicht gekontert, sondern im Gegenteil teilweise unterstützt.
   c. Die Währungsumstellung mit dem Kurs eine D-Mark für zwei DDR-Mark war für die Betriebe der DDR eine Bedrohung. Der Sachverständigenrat zur Begutachtung der gesamtwirtschaftlichen Entwicklung hatte davor gewarnt: »Die Unternehmen in der DDR werden schlagartig einer internationalen Konkurrenz ausgeliefert, der sie gegenwärtig nicht gewachsen sind.«[3] Kohl und alle anderen wie Schäuble,

und auch Teile der SPD, die diesen Kurs mitgetragen haben, könnten einwenden, dass die Bewohnerinnen und Bewohner der DDR auf einem Kurs eins zu eins bestanden haben. Das ist richtig. Aber das ändert nichts an der Tatsache, dass sogar die Umstellung eins zu zwei eine Katastrophe für die Betriebe der DDR darstellte.

d. Die Bedrohung für die Lebensfähigkeit von DDR-Betrieben wurde dann zusätzlich noch dadurch verschärft, dass die ostdeutschen Banken von der Regierung Kohl an die westdeutschen Banken zu einem subventionierten Preis abgegeben wurden. Sie wurden verscherbelt. Damit war folgendes verbunden: Die auf den Konten der ostdeutschen Banken stehenden Zuschüsse an DDR Betriebe für deren Investitionen wurden in Forderungen umgewandelt. Damit waren die DDR-Betriebe auf einen Schlag teilweise hoch verschuldet, bei westdeutschen Banken. Die Umwandlung war übrigens grobes Unrecht: Es war in der DDR üblich, dass die Betriebe ihre erwirtschafteten Gewinne an den Staat abgegeben haben; dafür wurden ihnen dann Zuschüsse für Investitionen gezahlt. Diese Zuschüsse waren also keine Kredite des Staates an die Betriebe, sondern eine Art Ausgleich für vorher abgeführte Gewinne. Über diesen Vorgang hat der stellvertretende Chefredakteur des *Berliner Tagesspiegel* am 1.7.2005 auf der Basis eines unter Verschluss liegenden Gutachtens des Bundesrechnungshofs berichtet.[4]
e. Die Geschichte der Treuhand ist keine Erfolgsgeschichte.
f. Vom Vermögen, das von den Bürgerinnen und Bürgern der DDR im Laufe der Jahre von 1945–1990 aufgebaut worden war, ist diesen Menschen mit wenigen Ausnahmen fast nichts geblieben. Das meiste ging an westdeutsche und sonstige westliche Personen, Firmen und sogenannte Investoren.

4. **Die Regierung Kohl hat eine gravierende Fehlentscheidung zu verantworten, die unsere Gesellschaft und das Funktionieren der demokratischen Willensbildung und**

das Leben von Menschen und Familien gravierend beschädigt hat: die Kommerzialisierung der elektronischen Medien, also von Fernsehen und Hörfunk, und die Überflutung der Menschen mit diesen Programmen.

Die Entscheidungen dafür wurden unmittelbar nach der Regierungsübernahme Kohls im Herbst 1982 getroffen. 1984 begannen die ersten kommerziellen Sender. In der Konkurrenz um die Einschaltquoten zwischen kommerziellen Sendern und öffentlich-rechtlichen ist dann das eingetreten, was die Kritiker dieser Entscheidung vorhergesagt haben: es gab nicht mehr Vielfalt, sondern mehr Einfalt. Die öffentlich-rechtlichen Programme haben sich den kommerziellen angepasst.

Das alles konnte man wissen: Bundeskanzler Helmut Schmidt hat sich bis zum Ende seiner Regierung im September 1982 dagegen gewehrt. Dabei ging es ihm nicht um Verbote oder etwas ähnliches, sondern nur darum, kein öffentliches Geld in die Vermehrung der Fernsehprogramme und in ihre Kommerzialisierung zu stecken. Die Regierung Kohl hat das dann massiv getan.

Nachdem dann zehn Jahre später der Schaden der Kommerzialisierung für unsere Gesellschaft erkennbar war, weinte ein Politiker der CDU/CSU nach dem anderen Krokodilstränen – Günther Oettinger zum Beispiel, der für die Medienpolitik lange Zeit zuständige Bernhard Vogel und Ursula von der Leyen, damals Familienministerin. All die beklagten Schäden konnte man kennen. Helmut Schmidt hat sie in einem Beitrag für die *Zeit* schon 1978 vorhergesagt.[5]

Die Planungsabteilung des Bundeskanzleramtes hat unter meiner Leitung dazu Untersuchungen gemacht und ausführlich dokumentiert, was auf unsere Gesellschaft und auf das, was wir Demokratie nennen, zukommt. Wer sich für dieses Thema und die Verantwortung der Regierung Kohl für eine gravierende Fehlentscheidung interessiert, findet im Kapitel

21 meines Buches *Meinungsmache* weitere Informationen: »Das Verschwinden der Medien als kritische Instanz«.

Unsere Gesellschaft, unsere ohnehin fragile Demokratie und die Familien und Kinder haben unter Kohls Fehlentscheidungen gelitten. Die Kommerzialisierung der elektronischen Medien wirkt bis heute als wirkliche Katastrophe nach. Kohl aber hat von der Kommerzialisierung persönlich und politisch viel profitiert. RTL und Sat eins und Prosieben haben ihn ausgesprochen freundlich behandelt. Einer der Sender hat ihm sogar einen eigenen Sendeplatz eingeräumt.

5. **Kohl hat den Siegeszug des Neoliberalismus eingeleitet** – zusammen mit Otto Graf Lambsdorff (FDP) und dem CDU-Politiker Hans Tietmeyer.

   Das Lambsdorff Papier vom 9. September 1982 enthält wichtige neoliberale Weichenstellungen. Das auch vom CDU-Politiker Hans Tietmeyer inspirierte Papier war eine Art Scheidungsurkunde der FDP für die sozialliberale Koalition.[6]

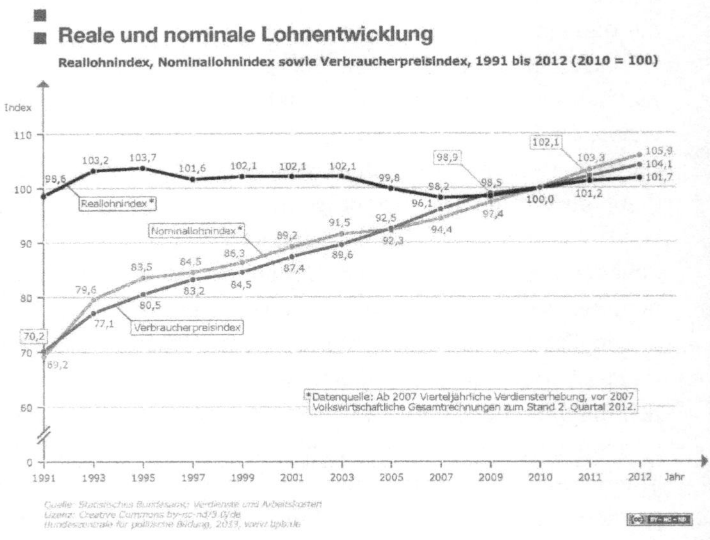

6. **In Kohls Zeit als Bundeskanzler begann die Stagnation der Reallöhne und damit die weitere Öffnung der Schere bei der Einkommensverteilung in Deutschland**
   Der Niedriglohnsektor hat also nicht mit der Agenda 2010 und mit Gerhard Schröder angefangen. Seine Regierung ist mit hoher Wahrscheinlichkeit für das Absinken der Reallöhne zwischen 2003 und 2007 verantwortlich. Aber eingeleitet wurde diese Entwicklung vorher. Das hat etwas mit dem nächsten Punkt zu tun:
7. **In Helmut Kohls Zeit als Bundeskanzler und in seiner Verantwortung wurde die aktive Beschäftigungspolitik begraben.** Er hat es zum Beispiel zugelassen, dass die Bundesbank 1992 den Leitzins vom ohnehin hohen Satz von 8 Prozent auf 8,75 Prozent erhöhte. Damit wurde die Konjunktur weiter abgewürgt, und damit wurden die Arbeit nachfragenden Menschen, die Lohnabhängigen, geschwächt.
8. **Kohls Regierung hat wichtige Reformen der sozialliberalen Koalition kassiert.** So hatte zum Beispiel die Regierung Schmidt 1975 das gleiche Kindergeld für alle eingeführt und die Kindersteuerfreibeträge abgeschafft. Diese wurden dann von der Regierung Kohl zu Beginn der achtziger Jahre wieder eingeführt. Damit sind dem Staat die Kinder von gut Verdienenden wieder mehr wert als die Kinder von Familien mit geringem Einkommen.
9. **Kohl hat als Bundeskanzler die verkorkste Einführung des Euro und damit auch die Krise in Europa mit zu verantworten**. Die deutsche Bundesregierung hätte dafür sorgen müssen, dass im Euro Raum alles getan wird, damit sich die Wettbewerbsfähigkeit, also die Lohnstückkosten einigermaßen im Gleichschritt entwickeln. Dafür hat sie nicht gesorgt. Die Regierung Kohl hat das Fundament für die unselige Politik der Leistungsbilanzüberschüsse und die Nutzung dieser Entwicklung durch seine Nachfolgerin Angela Merkel und Wolfgang Schäuble gelegt.

Wenn jetzt behauptet wird, Kohl habe sich besonders um Europa gekümmert und verdient gemacht, dann ist das schlicht die Unwahrheit. Kohl ist einer der Hauptverantwortlichen dafür, dass es die heutige Bedrohung für die Europäische Union gibt. Die Krisen in Griechenland, in Spanien, in Italien haben etwas mit seiner Politik zu tun. Wenn das europäische Parlament und die Kommission der EU jetzt Helmut Kohl in einem besonderen Staatsakt ehren wollen, dann ist das zugleich eine Art Ablenkungsmanöver von der gemeinsam produzierten Schwäche der Europäischen Union.

10. **In der Zeit Helmut Kohls gab es die größten Privatisierungsaktionen.** In seiner Zeit wurde die Telekom, die Post und die Energiewirtschaft privatisiert, außerdem eine Reihe von anderen Bundesunternehmen wie zum Beispiel die Bundesdruckerei und von Wohnungsbeständen wie etwa der Eisenbahner-Wohnungen.
11. **Die Spendenaffäre von Kohl und seiner Partei ist kein Kavaliersdelikt. Es war ein gravierender Anschlag auf das Vertrauen in demokratische Verhältnisse.** Deshalb müsste man eigentlich überhaupt infrage stellen, ob es für einen Bundeskanzler, der wichtige Informationen über die Zuwendung von Millionen an seine Partei mit ins Grab genommen hat, einen Staatsakt verdient.
12. **Helmut Kohl hat sich offensichtlich nicht erfolgreich darum bemüht, mit den Verträgen zur deutschen Einheit zugleich zu regeln, dass die Sonderrechte der Alliierten in Deutschland beendet oder jedenfalls so abgemildert werden, dass man von einem souveränen Land sprechen kann.**
13. **Er hat in den neunziger Jahren nichts unternommen, um die NATO abzubauen und dafür zu sorgen, dass sie nicht vom Verteidigungsbündnis zum militärischen Interventionsbündnis umgebaut wird.**
14. **Helmut Kohl hat das Interesse seiner Partei allzu oft mit dem Interesse des Staates gleichgesetzt.** Dazu gab es einen

recht guten Kommentar von Kurt Beck. Er berichtet von seinen Erfahrungen, als Scharping und er Ministerpräsidenten von Rheinland-Pfalz waren. Siehe hier:

NACHRUF

Was Kurt Beck über Helmut Kohl sagt

Ein unverwechselbarer Mensch und Politiker ist von uns gegangen. Wenige Menschen haben so konsequent ihre Karriere geplant, vorangetrieben und erkämpft wie Helmut Kohl. Er hat wie wenige polarisiert und dennoch über Jahre in Rheinland-Pfalz und ganz Deutschland breite Zustimmung erreicht. Zu seinem 80. Geburtstag habe ich meinen festen Eindruck dargelegt, wie sehr der Ministerpräsident, Kanzler, Europäer Helmut Kohl von seiner Kindheit und Jugend in der Kriegs- und Nachkriegszeit im – heutigen – linksrheinischen Rheinland-Pfalz geprägt war. Für Europa, für Frieden zu arbeiten war ihm ein tiefgreifendes Bedürfnis, das hat man auch als politischer Gegner gespürt und respektiert.

Beim Zerfall des Warschauer Paktes geschickt agiert und zugepackt zu haben, bleibt ein großer Erfolg, auch vor dem Hintergrund der geschichtlichen Betrachtung. Ein geeintes Deutschland und Europa ist sichtbarer Beleg.

Da war aber auch der politische Kämpfer in die eigene Partei hinein und der erbitterte Gegner der „Sozen", wie er zu sagen pflegte. Das ging so weit, dass er Rudolf Scharping und mir nie „verziehen" hat, dass wir in Rheinland-Pfalz regierten und mit Malu Dreyer weiter regieren. Dies machte sich in geradezu kindischen Eingriffen in protokollarische Abläufe Luft. So wurde auf die US-Amerikaner eingewirkt, bei einem Besuch von Präsident Clinton den Ministerpräsidenten nicht in der Mitte, erste Sitzreihe, zu platzieren, sondern weit am Rande. Über die Parteispendenaffäre werden jetzt viele reflektieren, dies will ich nicht. Aber auch dieses Verhalten begründet sich für mich mit einer gewissen Gleichsetzung des Staatsinteresses mit dem Erfolg der CDU. Dieser Erfolg rechtfertigte viel, fast alles? In Teilen der Jungen Union habe ich diese Saat oft wiedererkannt.

Es bleibt, die großen Verdienste zu sehen, den Respekt vor einer großen Lebensleistung lebendig zu halten. Es gilt aber auch zu lernen, in der Politik sind Menschen mit all ihren Stärken und Schwächen tätig. Am Ende soll der Dank für das Gute unser Empfinden prägen. In diesem Sinne, Dank und Anerkennung, Helmut Kohl!

Kurt Beck, SPD, ehemaliger Ministerpräsident

Damit beende ich die Liste der kritischen Anmerkungen zum Wirken von Helmut Kohl als Bundeskanzler. Mit Sicherheit gibt es weitere Anmerkungen zu machen. Die obige Liste enthält jedoch so viele gravierende Einwände, dass die Verantwortlichen, die sich ja auch um den Ruf unserer Demokratie und unseres Landes zu kümmern haben, noch einmal überlegen sollten, ob sie die Kohlfeiern wie begonnen weitertreiben.

Anmerkungen

1 »Falschmeldungen in Serie zu angeblichem NPD-Verbot: Qualitätsmedien versagen bei Verfassungsgerichts-Verkündung«, meedia.de, 17.01.2017. [16.08.2017]

2 »Einen schlimmeren Rechtsruck als das rücksichtslose Durchboxen von TTIP, die Agenda 2010 und Kriegseinsätze gibt es nicht«, Nachdenkseiten.de, 04.05.2016. [16.08.2017]

3 »Währungsumstellung am 18. Mai 1990. Vor 25 Jahren kam die D-Mark in die DDR«, www.mz-web.de, 18.05.15. [17.08.2017]

4 »Schulden ohne Sühne«, tagesspiegel.de, 01.07.2005. [17.08.2017]

5 »Plädoyer für einen fernsehfreien Tag«, *Die Zeit*, 26. 05.1978.

6 Otto Graf Lambsdorff: »Konzept für eine Politik zur Überwindung der Wachstumsschwäche und zur Bekämpfung der Arbeitslosigkeit«, Bundesministerium für Wirtschaft 1982, online verfügbar unter: www.nachdenkseiten.de/upload/pdf/lambsdorff_papier_1982.pdf [17.08.2017]

Wer sind und was wollen die NachDenkSeiten?

14 Jahre ist unser Projekt jetzt schon alt – und die Besucherzahlen steigen weiter. Zwischen 100 000 und 150 000 Menschen sind es im Durchschnitt täglich, die unser Angebot wahrnehmen, mit uns gegen den Meinungs-und Medien-Mainstream zu schwimmen. Für viele Leser sind die NachDenkSeiten zu einer festen Konstante geworden. Sogar auf Facebook haben wir inzwischen über 90 000 Freunde. Diese große Zustimmung treibt uns weiter an. Mit unseren »Hinweisen des Tages« bieten wir einen Informationsservice, der auf interessante Links, Sendungen und Artikel verweist und diese auch kommentiert. Unser Kernstück, das »Kritische Tagebuch«, ordnet die Zeitläufte ein und versucht, aktuelle Themen aus einem anderen Blickwinkel zu betrachten. Natürlich sind Meinungsmanipulationen unser »täglich Brot«. Zahlreiche Gastbeiträge und das Feedback unserer Leser ergänzen unser Angebot, dass wir ohne ökonomische Interessen betreiben. Drüber hinaus sind Veranstaltungen wie die »Pleisweiler Gespräche« ein wichtiger Teil des Projekts der NachDenkSeiten und bieten Foren für eine kritische Gegenöffentlichkeit und lebendige Diskurse – Veranstaltungshinweise finden Sie natürlich auf www.NachDenkSeiten.de. Wir freuen uns auf Sie!

Danke dem Westend Verlag, der es wieder möglich gemacht hat, in einem Jahrbuch – es ist nun schon das elfte– die wichtigsten Artikel des Herausgebers Albrecht Müller und von Redakteur Jens Berger zusammenzustellen.

224 Seiten
ISBN 978-3-86489-187-8
€ 18,00
Auch als eBook erhältlich

Sahra Wagenknecht: Mit Mut gegen den Strom

Ohne jeden Zweifel ist Sahra Wagenknecht eine Ausnahmepolitikerin. Zuweilen wird sie heftig kritisiert, nicht selten auch aus den eigenen Reihen, oft genug auch persönlich angegriffen – und trotz allem bleibt Sahra Wagenknecht unbeirrt auf ihrer politischen Linie. Bei kaum einem anderen Politiker ist dieser unbedingte Wille zu spüren, dieses Land zu verändern. Immer im Zentrum: die Soziale Frage und die Wirtschaftspolitik. Dabei bleibt Sahra Wagenknecht ganz nah an den Wählern, der Bevölkerung, vor allem aber bei den Schwachen und Schwächsten dieser Gesellschaft. In Diskussionen weicht sie nicht aus, sondern beantwortet Fragen gewissenhaft und inhaltlich konkret. Was befähigt diese Frau, so hochengagiert diesen Job zu machen? Was genau sind ihre politischen Vorstellungen? Wie und unter welchen Umständen fand sie in den politischen Betrieb? Woher bekommt sie Anregungen und was nährt ihr politisches Verständnis? Davon berichtet sie in ihrem bislang persönlichsten Buch. Eines ist klar: Sahra Wagenknecht will anders Politik machen.

224 Seiten
ISBN 978-3-86489-184-7
€ 24,00
Auch als eBook erhältlich

Sprengstoff Ungleichheit

Ungleiche Verhältnisse entwickeln sich in jeder Gesellschaft, unabhängig von den Fähigkeiten und dem Arbeitswillen der Menschen, sagt der Mathematiker Per Molander. Ungleichheit ist natürlich – aber sie ist kein Naturgesetz und kann mit den richtigen politischen Maßnahmen überwunden werden. Wissenschaftlich fundiert und mit vielen anschaulichen Beispielen eröffnet Molander eine ganz neue Perspektive auf eines der weltweit größten Probleme und zeigt auch Lösungswege. Denn handeln wir nicht, geht die Schere zwischen Arm und Reich zwangsläufig immer weiter auseinander, was schließlich zum Verlust jeglichen Vertrauens innerhalb der Gesellschaft führt – zum Schaden aller.